孩子别怕
大胆和老师说

吉昊 著

台海出版社

图书在版编目（CIP）数据

孩子别怕，大胆和老师说 / 吉昊著 . -- 北京：台
海出版社 , 2025. 2. -- ISBN 978-7-5168-4111-2

Ⅰ . G635.6

中国国家版本馆 CIP 数据核字第 2025PZ9806 号

孩子别怕，大胆和老师说

著　　者：吉　昊

责任编辑：陈国香
封面设计：曹柏光

出版发行：台海出版社
地　　址：北京市东城区景山东街 20 号　邮政编码：100009
电　　话：010-64041652(发行、邮购)
传　　真：010-84045799(总编室)
网　　址：www.taimeng.org.cn/thcbs/default.htm
E - mail：thcbs@126.com

经　　销：全国各地新华书店
印　　刷：三河市金兆印刷装订有限公司
本书如有破损、缺页、装订错误，请与本社联系调换

开　　本：710 毫米 ×1000 毫米　　　1/16
字　　数：150 千字　　　　　　印　张：10
版　　次：2025 年 2 月第 1 版　　印　次：2025 年 2 月第 1 次印刷
书　　号：ISBN 978-7-5168-4111-2

定　　价：49.80 元

有
YOU DU
度

有温度，有态度，有深度
Warmth, Attitude, Depth

如果不敢或不会与老师沟通，我们在茫茫学海中就会失去指引，既找不到知识的灯塔，也难以避开错误的暗礁。

如果不敢或不会与老师沟通，那些疑惑和难题就会像滚雪球一样越积越多，最终阻碍我们前进的步伐。

如果不敢或不会与老师沟通，我们会错过老师提供的宝贵学习资源和建议，错失提升自我的良机。

尤为重要的是，与师长的心灵对话，乃是我们磨砺人际交往艺术的宝贵磨砺石。有效的沟通，如同架起理解与信任的桥梁，不仅加深了师生间的情感纽带，更教会我们以谦卑之心尊重他人，以开放之耳倾听不同声音，在每一次思维的碰撞中茁壮成长。

所以，每个孩子其实都需要读一读《孩子别怕，大胆和老师说》。它既能迅速解锁学习路上的疑惑，使我们得以豁然开朗，又能成为我们成长征途中的明灯，引领我们绕过曲折弯路，以更加坚定的步伐和饱满的自信，迎接未来每一场挑战的风雨洗礼。

《孩子别怕，大胆和老师说》一书，是专为那些渴望与老师建立更加紧密、高效沟通桥梁的小读者精心打造的学习、生活指南。本书以亲切的笔触，将复杂的沟通理论转化为易于理解、便于操作的具体步骤。同时，书中穿插了丰富多样的沟通技巧模板，以及实用辞令，涵盖了从日常问候到深度探讨学习难题的全方位场景，让小读者能够即学即用，迅速提升与老师的交流效率与质量。

同时，本书还特别强调了个性化沟通的重要性，鼓励小读者们根据自己的性格特点、学习需求及老师的风格偏好，灵活调整沟通方式，实现更加精准有效的交流。无论是面对学习上的困惑与挑战，还是希望获得老师的个性化建议与指导，抑或是想要表达自己的独特见解与创意，本书都能成为小读者的坚实后盾，帮助小读者开启一段充满成长与收获的师生之旅。

第1章
别让心理错觉成为师生沟通障碍

或许，你是一朵害羞的花，悄悄躲在叶子后面，慢慢绽放。没关系，每朵花都有它的季节，你不需要强行融入每一片花海。但当春日暖阳呼唤你展现自我的时候，要勇敢地绽放，用你那独一无二的色彩，照亮老师和同学的眼眸，告诉他们："看，我也是这片花园里最独特的那朵花！"

第 2 章

注重行为细节，
与老师沟通一定要践律蹈礼

在人生的织锦上，礼节与规矩是那缕缕金丝银线，不仅勾勒出风度的轮廓，更织就了和谐的华章。它们如同晨曦中的露珠，虽小却晶莹剔透，映照出内心的修养与敬畏。记住，在老师面前，你可以随性，但不能任性，你可以桀骜，但必须尊师重道。唯有我们践律蹈礼，师生关系才会温润如玉。

第3章

练习精准表达，
把握与老师的关键对话

　　内心的微光往往与自我怀疑的阴霾交织，仿佛夜空中的满月，也难免遭遇云层的遮蔽。但请莫让这片刻的暗影，成为脚步沉重的枷锁。深信于胸，你心中蕴藏着未被世界窥见的璀璨光芒与无尽潜能，它们如同沉睡的巨龙，等待着被勇气的号角唤醒。请务必鼓足勇气，去完成与老师的关键对话，向着梦想的天空继续翱翔。

第 4 章

有效反馈，请老师
把我们的问题重视起来

不要害怕，让思想如绚烂的烟火般绽放，即使是最微小的疑问，也是心灵探索中璀璨的辰星。敬爱的导师，一直在期待着勇士航至岸畔，将心中的疑惑与创新的火花，化作最真挚的反馈，共同点亮知识的海洋。勇往直前吧，让思想的翅膀无畏飞翔，在知识的天空里，书写出属于自己的璀璨篇章！

第 5 章

与老师携手精进，
快速提升自己的学习成绩

在求知的路上，我们既是旅人，亦是诗人，每一步脚印都镌刻着对未知世界的深情向往。晨曦微露，我们以梦为马，追逐那第一缕曙光的温暖与希望，心灵在浩瀚的知识海洋中追随师长一起遨游，宛如漂泊的船只找到了灯塔的指引。沿途风景万千，既有荆棘密布的崎岖小道，也有繁花似锦的康庄大路，让我们以笔为舟，以墨为帆，与师同行。

第6章

关系急救
不要让简单的问题变成师生矛盾

师生情深,犹似春风细雨,滋养心魂之壤。然则,误解与隔阂,宛若寒霜潜袭,不经意间霜染沃土,令和谐乐章中平添几丝杂音。回首往事,何其美好,愿我们以宽容为梁,筑就心灵之桥;以理解为桨,泛舟情感之河。共破难关,再寻那份纯真与美好。

第7章

学会 7 大金句,
打造亲密友爱的师生关系

总有一份深情,让人心动。每一次感激,都是一份诗意的传递;每一声祝福,都是一份真心的释放;每一刻关心,都是一份情感的交融。尊师、敬师、爱师,就是要让老师知道,岁月悠悠,他们的身影被时光雕刻成最美的风景,镌刻在学子心中,成为永恒的敬爱。

或许，你是一朵害羞的花，

悄悄躲在叶子后面，慢慢绽放。

没关系，每朵花都有它的季节，

你不需要强行融入每一片花海。

但当春日暖阳呼唤你展现自我的时候，

要勇敢地绽放，用你那独一无二的色彩，

照亮老师和同学的眼眸，

告诉他们：

"看，我也是这片花园里最独特的那朵花！"

第1章

别让心理错觉
成为师生沟通障碍

1

如何解决
害怕老师的错误心理

郭静总是习惯性地躲在教室的一隅。每当老师的身影出现在视线中，她的心便如小鹿乱撞，呼吸也随之急促。这种不必要的紧张，像一张无形的网，悄悄束缚了她的手脚，让她在课堂上难以主动举手发言，课后也不敢轻易向老师请教问题。

长此以往，郭静的世界变得更加狭小，学习上也似乎停滞不前，那份对老师的恐惧，如同一道厚重的门，隔绝了她对知识海洋更深的探索，成为她成长旅途中一个亟待跨越的障碍。

这些道理应该懂

老师并不可怕，**可怕的是我们认为老师可怕**。

很多同学，因为内向性格与对失败的潜在担忧交织，形成了对权威人物的强烈不安感。这种情绪不仅会阻碍我们在课堂上的积极参与，也会影响我们寻求帮助、深化学习的能力。长此以往，不仅我们的学习进步会受阻，还可能影响我们的自信心和人际交往能力。

我们要认识到，每个人在成长过程中都会遇到挑战，而这份"恐惧"其实正是成长路上的一个信号，它告诉我们需要勇敢地迈出那一步。尝试从改变心态开始，将老师视为引导我们探索知识的伙伴。

2

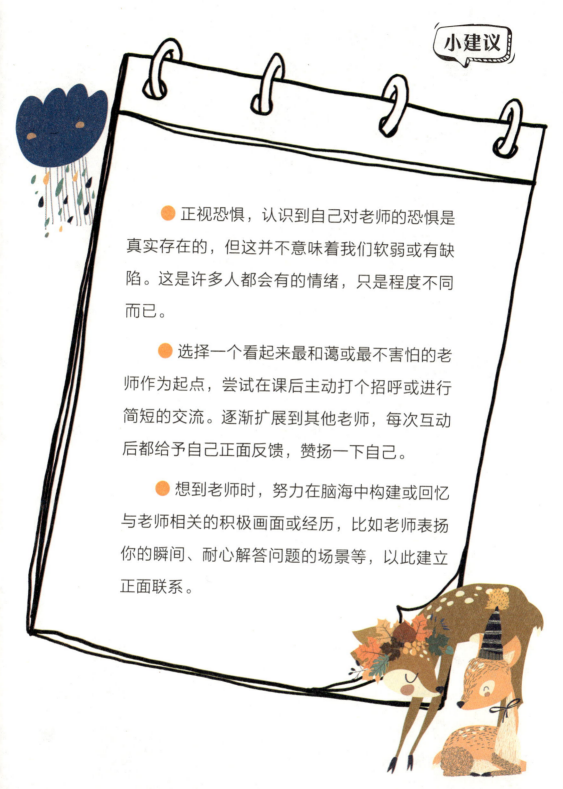

● 正视恐惧，认识到自己对老师的恐惧是真实存在的，但这并不意味着我们软弱或有缺陷。这是许多人都会有的情绪，只是程度不同而已。

● 选择一个看起来最和蔼或最不害怕的老师作为起点，尝试在课后主动打个招呼或进行简短的交流。逐渐扩展到其他老师，每次互动后都给予自己正面反馈，赞扬一下自己。

● 想到老师时，努力在脑海中构建或回忆与老师相关的积极画面或经历，比如老师表扬你的瞬间、耐心解答问题的场景等，以此建立正面联系。

如何纠正
排斥老师的错误认知

小学三年级的吴令宇同学，对数学老师李老师怀有一种莫名的排斥感。每当数学课铃声响起，吴令宇就会不由自主地感到紧张和不安，仿佛被一种无形的压力笼罩。他错误地认为，老师总是在挑剔自己的不足，却对他的努力与进步视而不见。这种误解像一堵墙，横亘在他与老师之间，不仅严重影响了他的听课效率，更导致数学成绩直线下滑。每次课堂上，他都如坐针毡，难以安心学习。

！这些道理应该懂

很多同学对老师的**排斥情绪**，实际上源自内心深处对亲近与认可的渴望与不安的交织。他们害怕展现自己的不完美，担心得不到老师的理解与接纳。然而，真正的成长往往发生在跨越心理障碍，勇于面对自我的过程中。

我们需要认识到，老师是学习道路上的引路人，而非评判者。通过正确的视角去看待师生关系，我们才能解开心结，重新建立对老师的信任与尊重。如果我们能够勇敢地迈出一步，主动向老师表达困惑与感受，或许就会发现，老师关心的是我们的成长，而非简单的对错。

找一个合适的时机，私下里与老师进行坦诚交流。在这个过程中，我们可以勇敢地表达自己的担忧与困惑，向老师寻求帮助与理解。这样能够让老师更加了解我们的内心世界。

尝试了解老师的兴趣爱好或教学理念，寻找彼此之间的共同点。比如，可以与老师一起探讨问题的不同解法，分享学习中的有趣故事，在增进交流的同时，拉近师生距离。

学会正视自己在成长过程中犯下的错误，将其视为宝贵的经验。同时，也要关注自己在学习上取得的点滴进步，不断培养自信心。只有这样，我们才能以更加积极的心态面对未来的学习、生活。

如何克服
师生沟通中的害羞心理

　　每当教室里的铃声悠扬响起，刘杨总会默默祈祷，期盼老师不要点他的名。与老师的每一次交流，对他而言都如临大考，紧张得手心冒汗，声音带着微微的颤抖。他羡慕那些能够侃侃而谈的同学，但自己却始终无法跨出那一步。

　　他深知家长和老师的眼中充满了关心，他们期待他变得更加勇敢，但害羞就像一座无形的高山，矗立在他与老师之间，让他感到无所适从。

这些道理应该懂

　　勇敢不是不感到害怕，而是**即便害怕也选择前行**。试着将每一次与老师的交流视为一次小小的探险，每一次开口，都是对自己勇气的肯定。当我们鼓起勇气，声音虽微颤却清晰有力，那份由内而外的自信将如阳光般驱散羞涩的阴霾。同学们侃侃而谈的身影，不是用来羡慕的距离，而是我们努力的方向标。

　　相信自己，每一次努力都是向着更勇敢、更自信的自己迈进一步。勇敢地迈出那一步吧，你会发现，害羞的高山原来不过是你内心的一道幻影，跨越之后，前方是更广阔的天地和无限可能。

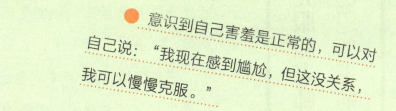

● 意识到自己害羞是正常的，可以对自己说："我现在感到尴尬，但这没关系，我可以慢慢克服。"

● 先尝试在课堂上主动回答一次简单的问题，或者课间与一位同学进行简短交流。每次成功完成一个小目标后，逐渐增加难度，比如在课堂上多回答几次问题，或者与同学进行更长时间的对话。

● 在家里，可以让父母扮演老师和同学，进行模拟对话，感受不同的交流场景。录下自己的声音或视频，观察自己的表现，并自我评估，逐步改进。

如何克服和老师说话结结巴巴的毛病

平日里活泼可爱的李珊珊，与同学们关系十分融洽。但每当面对老师，她就变得异常紧张，即便是回答简单的问题，也会结巴、心慌，甚至难以说出一句完整的话。老师曾多次尝试与她沟通，希望打破这种隔阂，但每次尝试都让她感到更加紧张，仿佛有只无形的大手紧紧扼住她的咽喉，让她言语困难。她心中无比渴望能够像与同学交流那样，轻松自如地在老师面前表达自己的想法，但现实却让她倍感无奈。

这些道理应该懂

面对老师时，我们有时会紧张得**言语结巴、心慌意乱**。其实，这并不是我们语言表达能力的问题，而是内心深处的小恐惧和压力在作祟。可能是对老师的尊敬让我们过分在意自己的表现，总是担心无法达到老师的期望。

我们要**学会理解并接纳这种情绪**，鼓励自己勇敢地正视内心的恐惧。告诉自己，只要我们踏实努力，不断成长，就一定会让老师更加喜欢，这没有什么难度的。渐渐地，我们就能够学会调整自己的心态，以更加自信和从容的态度去面对老师。

小建议

● 和老师交谈前，尝试深呼吸几次，同时，进行简单的肌肉放松练习，从头部到脚趾，逐个部位放松，让自己在与老师交流时保持最佳状态。

● 交谈时，要有意识地控制语速，不要急于表达。给自己足够的时间组织语言，确保每一句话都清晰流畅。观察并学习其他人的口语表达，逐步调整自己的节奏，让交流更加顺畅。

● 要相信自己有能力克服结巴的毛病，每次与老师的交流都是锻炼和成长的机会。不要苛责自己，多给自己一些正面的鼓励，告诉自己："我可以做得更好。"

如何纠正
不好意思和老师打招呼的问题

　　李想天资聪颖，总是给人机智过人的印象。但有一种情况总是让他陷入窘境——在路上遇到老师的时候。每每此时，李想总会变得手足无措，不知该如何开口。其实，他对每一位老师都怀有深深的敬意，他常常在脑海中构想出与老师热情交谈的美好画面，幻想着自己能够流畅地表达想法，与老师分享学习心得。然而，每次路遇老师，他又会不自觉地退缩，默默地转移视线，避开与老师的直接交流。这种内心的挣扎让他深感苦恼，不知该怎么办才好。

！这些道理应该懂

　　老师就像是森林里那棵最温暖的大树，总是张开大大的怀抱，等着每一只勇敢的小动物靠近！你是不是有时候心里像揣着一只小兔子，蹦蹦跳跳地想着："我要不要和老师打个招呼呢？"

　　其实，老师超级喜欢听到我们甜甜的声音，就像听到小鸟在清晨唱歌一样开心。当我们鼓起勇气，轻轻地说一声"老师好"，就像是给老师的心里送上了一朵最美丽的花，让老师的笑容比阳光还要美好。而且，老师还会给我们一个灿烂的微笑和温暖的回应，说不定还会夸我们是有礼貌、很勇敢的小朋友呢！

● 试着理解并接受自己的尴尬，明白它只是你个性中的一部分，而不是什么缺陷。别再对它有过多的负面评价，这样才能更积极地看待自己，建立起自信的形象。

● 可以在家里或安静的地方，想象与老师打招呼的情景，多练习几次，你会发现自己变得更自信，紧张与尴尬也少了许多。

● 多和爸爸妈妈一起参加社交活动。试着用积极的眼光看待自己和他人，以更开放、自信的心态去面对老师等权威人士，你会发现交流其实并不难。

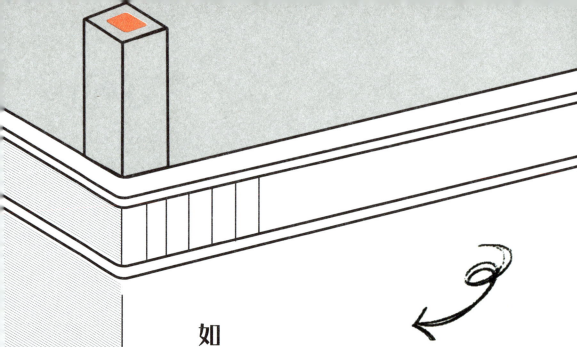

如何与老师建立

积极的沟通心理预期

　　王曦每次听到同学们讨论与老师交流的愉快经历，都会不由自主地生出一股渴望——他也希望能与老师建立起积极的沟通，共同分享学习的快乐与疑惑。每每此时，王曦就会在心里悄悄勾勒与老师交谈的画面。他甚至期待，如果能和老师一同探讨某个感兴趣的话题，将会是多么有趣而充实的时光啊！然而，虽然满怀期待，但真的站到老师面前，他又语无伦次了。

！这些道理应该懂

我们或许会因**自我怀疑而犹豫**，担心自己的言辞显得乏味，观点被认为浅薄，因而无法与人建立有效的沟通。这样的情况并不少见，它是许多孩子在成长过程中都会面临的一道难题。在这个时刻，我们应当学会调整自己的视角，去深入感受和理解内心那份不安与挣扎。我们所追求的，不仅仅是问题的答案，更多的是希望在情感层面得到慰藉与共鸣。

成长路上，有老师的激励，我们不会孤单，老师的支持与理解，是我们亟需的力量。我们必须慢慢**克服内心的顾虑**，与老师建立起真诚而深入的交流，一同探索知识的海洋。

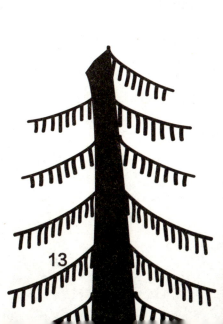

13

小建议

● 在与老师沟通前，应该明确的自己想要达到什么目标。有了明确的目标，沟通时会更加聚焦，也更容易得到满意的答复。

● 在与老师沟通后，应该及时反馈自己的进展。如果老师给出了建议或者指导，可以尝试去实践，并在实践后向老师反馈效果。

● 在与老师沟通时，应该保持积极的态度，相信老师愿意帮助自己。避免因为紧张或害怕而表现得过于拘谨，要敢于表达自己的观点和想法。同时，对于老师的反馈，也要以开放的心态去接受。

....

- -

....

如何从容回话，提升与老师的沟通效果

一天放学，张晨正准备离开，老师却叫住了他，想了解一下他近期的学习情况。张晨心里顿时翻江倒海起来，他眼神游移，四处乱瞟，始终不敢与老师清澈的目光相对。

他试图回答老师的问题，但话语出口却变得含糊不清，连他自己都难以分辨。老师耐心地引导，但几次尝试后，依旧无法获得清晰的信息。看到老师脸上流露出的无奈神情，张晨心中涌起一股难以言喻的沮丧。

！这些道理应该懂

面对老师温和的询问，我们却显得**紧张局促，难以流畅地做出回应**。这很正常，每个人在成长路上都会遇到类似的挑战。记住，老师的询问不仅是对我们的关心，更是成长的契机。不妨深呼吸，告诉自己："我可以思考，我正在学习。"试着将老师询问的问题分解为几个小步骤，逐步回应。即使回应得不那么完美，也是实现"对答如流"的宝贵尝试。

重要的是，保持一颗开放和勇敢的心。同时，要学会从每次回应中汲取经验，无论是成功还是失败，都是自我提升的宝贵财富。

● 首先，学会倾听。当老师询问时，我们应该全神贯注，深入理解老师的每一个观点和意图。这样，我们不仅能更准确地回应老师的询问，还能传递出我们对老师的尊重和关注。

● 在回应老师时，可以试着先复述问题，确保自己已正确理解，再有条理地阐述个人看法。如果需要时间思考，可以礼貌地告诉老师："老师，请给我一点时间想一下。"

● 回应后，可以和老师确认一下自己的回应是否正确，比如："老师，您认为我说得对吗？"

你的好朋友是谁？你们是怎么认识的？

....

....

....

....

....

最近有谁帮助过你？你感谢过他 / 她吗？

....

....

....

....

你最近在学校学到过什么新知识？

....

....

....

....

沟通时，你认为什么样的语气更容易说服别人？

....

....

....

....

你最欣赏朋友身上的哪些特质？

....

....

....

....

你有没有遇到过特别难相处的同学？后来呢？

....

....

....

....

在人生的织锦上，

礼节与规矩是那缕缕金丝银线，

不仅勾勒出风度的轮廓，更织就了和谐的华章。

它们如同晨曦中的露珠，

虽小却晶莹剔透，映照出内心的修养与敬畏。

记住，在老师面前，你可以随性，但不能任性，

你可以桀骜，但必须尊师重道。唯有我们践律蹈礼，

师生关系才会温润如玉。

第2章

注重行为细节，与老师沟通一定要践律蹈礼

2

李威精益求精地准备一篇参加省里评比的主题征文，却在结尾的时候思路不畅，写不出自己满意的收官。他希望老师能为自己指点一下。夜晚，李威握着手机，心中十分犹豫，担心打扰到老师宝贵的休息时间。次日，课间的休息时间，李威鼓足勇气迈向讲台，却发现老师正在处理紧急的事务。放学后，李威越发感到无所适从，不知是否应该去找老师咨询，还是应该等待下一个合适的机会。

这些道理应该懂

我们**渴望与老师交流**，却又常被一种莫名的担忧所束缚，害怕自己的冒昧会成为对老师的打扰。这种矛盾的心理，常常让我们陷入沉默，无法将自己的真实想法和感受传达出来。我们必须认识到，表达本身并非是对老师的打扰，而是一种真诚的交流方式。只有当我们将内心的疑惑和想法说出来，老师才能更好地了解我们，进而给予我们更有针对性的指导和帮助。当然，与老师沟通时也不可以随心所欲。我们应当选择最恰当的时机，采用最合适的方式，去交流我们的问题和想法。

● 留意老师的日常行程和习惯，比如课间休息、午餐后等较为轻松的时刻，这些时候老师可能更有耐心和时间进行深入的交流。

● 如果问题较为复杂或需要较长时间讨论，不妨通过邮件、短信或学习管理系统提前预约老师的时间，确保双方都能在一个无干扰的环境下进行深入交流。

● 在与老师日常接触中，学会观察老师的情绪状态。当老师面带微笑、表情轻松时，通常是沟通的好时机。避免在老师忙碌、焦虑或明显疲惫时去打扰。

如何让老师觉得
我们彬彬有礼

在教室里，孙涛和刘杰正在低声讨论一道数学题，显然遇到了挑战。恰好数学老师走进教室，孙涛立刻端正坐姿，双手交叠，恭敬地看向老师。而刘杰却有些不知所无措。老师轻声询问他们是否遇到了困扰，孙涛率先简述了问题。老师讲解时，孙涛始终专心倾听，礼貌回应。刘杰却一直沉默不语，尽管他也在聆听。讲解完以后，孙涛做出豁然开朗的表情，立刻起身向老师致谢，刘杰见状才跟随孙涛起身致谢。

！这些道理**应该懂**

与老师沟通，应**以礼为翼**，似春日暖阳轻拂，温婉中蕴含敬意。言辞间，镶嵌一抹得体的微笑，让对话的每一刻都洋溢着和谐与温馨。

倾听之时，眼眸中闪烁的应是**真诚的敬意**，让老师感受到被重视的温暖。回应之际，语调应大方得体，字字句句如同山间清泉，潺潺流淌，连接着求知的渴望与智慧的启迪。如此举止，彰显了个人的家教与修养，将师生沟通的距离悄然拉近。

● 每次遇见老师，都应主动问好。无论是清晨入校、课间小憩，还是课后离去，一声亲切的问候都能为师生关系增添一份和谐与融洽。

● 老师授课或讲解时，要保持安静，不随意打断或插言。若有疑问或想法，可待老师讲述完毕后再提出。

● 需要向老师请教或寻求帮助时，更要使用礼貌的言辞，并深表感激。同时，要虚心聆听，肢体语言中，表达对老师足够的尊重与感恩。

如何让老师知道我们在认真倾听

　　班会上，段峻纬在与班主任老师讨论学习状况时，心里一直惦记着放学后的足球赛。老师耐心地分析他学习上的不足和改进方法，但段峻纬的心思早已飘远，不时点头敷衍，完全没听进老师的建议。突然，老师问道："段峻纬，你觉得自己最需要提高的科目是哪一门？"段峻纬愣住了，随口答道："呃，是……是体育吗？"话音刚落，老师和周围的同学都忍俊不禁，段峻纬顿时脸红到了脖子根，恨不得找个地缝钻进去。

这些道理应该懂

　　老师的每一句话，不是书本上知识的简单复述，它们蕴含着老师多年来的人生智慧、对世界的独到见解以及对我们无尽的关怀与期望。这些话语轻轻地触碰着我们内心最柔软的部分，激发起我们对知识的渴望，对美好生活的向往，以及对自我成长的深刻反思。

　　为了更好地接收这份来自老师的馈赠，我们需要**学会放下所有的杂念与纷扰**，让自己的心灵回归宁静。在这样的状态下，我们能够更加敏锐地捕捉到老师话语中的每一个细微之处。我们静静地聆听，用心去感受，让每一个字、每一句话都化作温暖的光芒，照亮我们的心灵。

● 老师讲解时，可以与老师保持稳定的眼神交流，这是非言语的沟通方式，能有效传达我们专注与尊重的态度。

● 当老师提出问题或寻求反馈时，积极回应是展示我们正在倾听的重要方式。无论是点头、微笑，还是简单的"是的""对"，都能体现我们对话题的理解和认可。

● 做笔记也是一个不错的方法。认真记录下老师讲解的要点和关键信息，不仅有助于我们更深刻地理解内容，更能让老师看到我们认真聆听、积极思考、捕捉重要内容的态度。

如何在肢体语言中体现对老师的尊重

班长徐岩带着微笑，步伐稳健地走进办公室，礼貌地向老师致意后，安静地坐下，向老师汇报班级情况。与老师交谈时，他身姿端正，双手轻放在身前，眼神专注，认真倾听。老师提问时，他轻轻起身，语调平和而诚恳。回答完毕，他礼貌地表示感谢，并以微微鞠躬作为对师长教诲的深切回应，其言行举止无不透露出良好的教养与沟通礼节。

这些道理应该懂

观察一个人的品质与心态，并非仅凭其言辞，更在于其**不经意间的流露**。真正了解一个人，并非通过聆听其言谈，而是细致关注其举手投足。内心的真实情感，往往会在不经意间悄然流露，它如微风般悄无声息，却能左右一个人的举止、神态与言谈。你对老师的态度如何，无需过多言辞，老师从你的肢体语言中，便能洞察一二。

记住，每当我们以得体的肢体语言向老师**传递尊重**时，它所体现的，不仅仅是礼仪与教养，更深层次地反映出我们对学习的热爱和对知识的向往。

小建议

● 在课堂上，应该坐得端正，不懒散也不趴桌，这样的坐姿既有助于专心听讲，也能向老师传达出我们的认真态度。

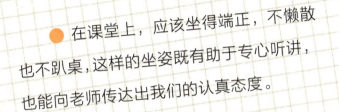
● 在倾听讲解时，我们可以适当运用手势来辅助表达，但要避免过于夸张或频繁，以防干扰到老师或其他同学。切记，要避免使用任何不雅或挑衅的手势。

● 别忘了微笑的力量，它既是友善的象征，也是尊重的表现。与老师沟通时，在合适的场景中，请友善地展露我们的微笑。

如何高情商地为老师
缓解失误的尴尬

李欢是一个心思细腻、性格开朗的孩子。一次公开课上，老师想展示一份精心准备的课件，由于设备故障，课件中的动画效果没能正常播放，这让老师感到有些尴尬。这时，李欢微笑着对老师说："老师，看来今天的课件也想低调一些，不想太过炫耀它的动画效果呢。"这句话顿时让老师和同学们都忍不住笑了起来。接着他又转向同学们，大声说："就算没有动画展示，老师的讲解也一定能让我们受益匪浅，你们说是不是！"李欢话音刚落，同学们就整齐地回答："是！"

！这些道理应该懂

在与老师的沟通中，当突发**尴尬情境时**，假装视而不见，或者沉默不语，都不是明智之举。这种情况下，我们应该挺身而出，用智慧或幽默，将那一瞬间的尴尬轻松化解掉。

我们应该明白这样一个道理：真正打动人心的，并不是那些华而不实的交际技巧，而是**情感的共鸣与真挚的理解**。一个人情商的高低，不在于他是否掌握了一些沟通辞令，更在于他能否敏锐地察觉到他人的情感需求，并在适当的时机给予恰当的回应，为他人提供良好的情绪价值。

● 老师偶尔出现失误，不必急于指出，更不应嘲笑或显露轻视。要深知，老师为我们付出了许多，偶尔的疏忽在所难免。

● 在恰当的时刻，我们可以巧妙地通过提问或引导话题，将大家的焦点从失误处移开。比如，提出一个既贴合教学内容又能激发新思考的问题，这样既能化解尴尬，又能让课堂保持生动。

● 若老师自我察觉并尝试改正时，我们应积极地做出正面反馈，让老师感受到我们的理解与支持。在整个过程中，保持和谐与理解是至关重要的。

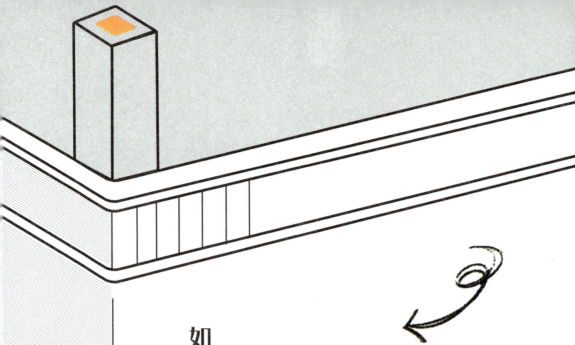

如何在公众场合
有礼有节地与老师交流

　　学校的科技展示活动进行到杨瑞的班级时，他发现实验中有一个细节问题。杨瑞深吸一口气，等到主持老师介绍完他们班的实验项目，礼貌地举手示意。得到老师允许后，杨瑞站起身，声音清晰而坚定："老师，同学们，我和我的同学在准备这次实验的过程中，忽略了一个可能影响到实验结果准确性的细节。我想现场纠正一下。"接下来，杨瑞落落大方地讲了起来。现场的老师和同学们纷纷向他投去赞许的目光。

! 这些道理应该懂

　　在公共场合，尤其是**与老师进行互动交流**时，言语的分寸把握与行为的得体性不仅是个人素养的体现，更是构建积极学习环境和维护师生间良好关系的关键。这要求我们不仅在语言上做到精准而富有敬意，更要在细微之处展现出深厚的尊重与理解。

　　在沟通过程中，保持**平和稳定的情绪**至关重要。即使遇到分歧，也应尽量以理性、平和的方式表达自己的想法。避免出现过激的言辞或情绪化的反应，这对解决问题没有任何帮助。正确的做法是，应以建设性的态度去寻求解决方案，展现出自己的理智与修养。

小建议

● 在公众场合与老师沟通，我们应当选择既能准确表达意图，又能体现尊重的词汇。避免使用过于随意、粗俗或不恰当的用语。在提问或表达观点时，应适当地使用敬语。

● 在公众场合与老师交谈，自信和冷静是关键。紧张和焦虑可能会影响我们的表达，甚至导致失态。深呼吸、放松身体，这些都是帮助我们保持冷静的小技巧。

● 开口前一定要认真衡量，我们所说的话，即使是善意的，也是否会使别人感到难堪。如果会，那就思考一下，如何换一种沟通方式，温和有礼地提出问题。

如何正确使用社交软件与老师进行有效沟通

性格内向却心思细腻的刘思琦，在课堂上虽不常发言，但每当谈及知识点时，他总能展现出独到的见解。然而最近，一个复杂的科学实验问题却让他陷入了困境。他知道，自己需要老师更加专业的指导。他想起老师曾说过，假如课后遇到学习问题，可以通过社交软件联系她。然而，当刘思琦拿起手机时，他却犹豫了，因为他不知道该怎样用社交软件与老师聊天。感觉好尴尬啊！

！这些道理应该懂

使用**社交软件向老师求助**，可能很多人会感到尴尬或不知所措，因为他们单纯而又敏感的心灵容易受外界的波动影响。因此，重要的是先进行自我调适，让心绪回归宁静，清晰地认识并真诚地表达自身的需求与困惑。在挑选沟通方式时，需要细致考量老师的接受习惯与情境适宜性，力求既能传达准确，又不失礼数。

要知道，老师的胸怀宽广，他们珍视的不仅是求助内容的精准，更是学生那份勇于求知、不畏挑战的勇气。即便我们表达略显生涩，老师也能从中捕捉到闪光点，给予鼓励与悉心指导。

小建议

　　● 在使用社交软件与老师沟通前，要注意选择适宜的时间。如课间、午休后或下班前进行沟通，这样老师能有足够的时间和精力回应我们，也显示出对老师的尊重。

　　● 措辞时，要注意使用礼貌和书面语言，字里行间应表达出对老师的尊重，避免因为太过口语化或随意的表达而引发误解。

　　● 阐述问题时，尽量简洁明了，表达精准。如果需要，还可以附上相关的图片或资料，帮助老师更好地理解我们的问题。

　　老师回复后，一定要及时给予反馈，确认自己是否理解了老师的解答，并向老师表达感谢。如果还有疑问，也要及时反馈给老师。

你有没有像探险一样去发现校园里一个新地方？

....

....

....

....

你觉得和朋友一起合作完成任务时，有什么好处？

....

....

....

....

你有没有因为某个成就，感觉自己像个小英雄或小勇士？

....

....

....

....

你在学校里有没有遇到过让你感到温暖或感动的事情？

....

....

....

....

你和朋友们通常喜欢聊什么话题？

....

....

....

....

有没有哪位老师让你觉得特别温暖或者有趣？

....

....

....

....

内心的微光往往与自我怀疑的阴霾交织，

仿佛夜空中的满月，也难免遭遇云层的遮蔽。

但请莫让这片刻的暗影，成为脚步沉重的枷锁。

深信于胸，

你心中蕴藏着未被世界窥见的璀璨光芒与无尽潜能，

它们如同沉睡的巨龙，等待着被勇气的号角唤醒。

请务必鼓足勇气，

去完成与老师的关键对话，向着梦想的天空继续翱翔。

3

练习精准表达，
把握与老师的关键对话

如何清晰正确地向老师提问

王曦是个内向的女孩，上课非常认真，但每当心中有疑惑时，那份想要举手的勇气就仿佛被无形的枷锁束缚住了。今天的数学课，王曦听后心中满是问号。她偷偷望向老师，老师的眼神温和而充满期待，似乎在鼓励每个同学积极提问。然而，王曦的手指紧紧抓着课本，心跳如鼓。她怕自己的问题太简单被同学嘲笑，更怕老师误以为她没有认真听讲。内心的纠结像是一场没有硝烟的战争，每一次想要张口都化作无声的叹息。

这些道理应该懂

害怕提问、担心被嘲笑，或被老师误以为上课没有认真听讲，这是正常的心理反应，尤其是那些性格内向的同学，更是如此。但我们不要因此而自责或贬低自己。接纳这些感受，是迈向改变的第一步。

想象一下，如果其他同学也有类似的疑惑，但他们同样因为害怕而没有提问，那么你们其实都错失了共同成长的机会。记住，课堂上没有愚蠢的问题，只有等待解答的疑惑。你的问题可能正是老师期待听到的，因为它能帮助全班同学更好地理解和掌握知识。

请记住，成长往往伴随着挑战和不确定性，但正是这些经历，塑造了更加坚韧和自信的你。

● 提问前，应先识别自己不懂的具体环节。是概念定义不清，还是解题步骤不明？等等。识别问题的关键，能让提问更精确，能帮助老师快速找到我们的疑难点。

● 提问时，需整理思路，用简明扼要的语言阐述问题。不要使用含糊或广泛的表述，而应具体说明困扰自己的地方。比如："在 XX 题目中，我对于如何应用 XX 公式存在疑惑，您能帮我解答一下吗？"

● 保持谦逊和敬重，应先使用礼貌用语，然后提出问题。在提问时，采用适当的称呼和语调，以示对老师的敬重。

如何高情商地指出
老师的失误

　　课堂上，老师讲题时出了个小错，但并未察觉。其他同学都在窃窃私语，孙梦琪却安静地坐着，思考着该如何应对这种情况。她并没有急于指出错误，而是先做了记录。等到合适的时机，她举手向老师提问，声音温和而清晰："老师，关于您刚才讲的那道题，我有个小小的疑问，不知道是不是我理解错了。"接着，她委婉地提出了自己的看法，既指出了问题所在，又给了老师台阶下。老师听后，先是微微一愣，随即露出了欣赏的笑容。

！这些道理应该懂

　　老师也是普通人，**不可能做到尽善尽美，完美无缺**，出现失误在所难免。当老师出现失误时，我们应当持以理解与宽容的态度，以礼貌和尊重的方式指出问题，懂得如何在维护和谐氛围的同时，有效地表达自己的观点。这样既能帮助老师及时意识到并纠正错误，也促进了师生之间的信任与理解，还为自己未来的社交能力奠定了坚实的基础。同时，我们也应该在老师的失误中有所领悟，认识到即使是最优秀的人也会犯错，这教会我们如何以建设性的方式处理错误，而非一味地懊悔或指责。

● 指出老师的失误，需要选择合适的时机和场合，应尽量避免在众人面前或老师正忙时直言不讳，最好是选择在课后或老师的办公室里。

● 如果情况特殊，也可以选择在课堂上委婉提出，但需注意，态度要恭敬，方式要得体。

● 指出问题后，要以开放的心态，认真倾听老师的回应。要尊重老师的专业判断，给予其充分的理解和纠正的机会。同时，我们也应该虚心接受老师的进一步指导。

如何向老师自荐当班委

祁洋的眼神游移于老师与同学们之间，心中涌动着一股未了的愿望——她想当学习委员，帮助大家共同进步。但每当念头闪过，她又担心自己不够好，难以服众。紧张与消极的情绪交织，让她每一次想要开口自荐，喉咙都仿佛被无形之手扼住。她默默地在心里模拟着无数次的场景，却始终迈不出那一步。夜深人静时，祁洋对着日记本倾诉，渴望勇气能像晨光一样，照亮她前行的路，让她学会如何自信地展现自己，迈出那关键的一步。

这些道理应该懂

自我怀疑和内心的负面声音，常常如影随形，在我们追求梦想的道路上设置重重障碍。这些声音可能源自过去的失败经历、对他人的评价恐惧、对未知挑战的担忧，甚至可能是内心深处的自卑感。面对这样的心声，我们不能掉以轻心，也不能一概置之不理，而是要学会**倾听自己内心的声音**，理解并接受自己的不完美。这是成长的重要前提。

没有人是完美的，要学会接纳自己的不足，认识到自己的不完美是一种常态，这样才能真正释放自己的潜能。在接纳自己的基础上，更要相信自己的能力和潜力。只要我们勇敢地追求自己的梦想，就有机会实现自己的价值。

● 自荐前，审视自己的优点、特长以及在班级中的日常表现，深入了解班委的职责与要求，确保自己具备承担此重任的能力。

● 深入思考自己为何渴望成为班委，以及希望通过这一职务实现何种目标。明确这些，我们在自荐时才能更准确地表达自己的愿景和热忱，让老师真切感受到我们的纯粹愿景和坚定决心。

● 自荐过程中，始终保持自信和冷静。条理清晰地展现自身优势，结合具体事例说明自己为何适合成为班委，这将使我们的自荐更具说服力，更容易在老师心中留下深刻印象。

如何向老师争取
文艺汇演的角色

杨妍热爱文艺，特别想在年底的学校文艺汇演中扮演"灰姑娘"这个角色，展示自己的才华。为了这个目标，她反复研读剧本，深入理解角色，认真练习每一句台词的语调和情感。她还自发组织小组练习，模拟演出场景，不断完善自己的表演。但是，班级里的于淼同学也很出色，她也很想饰演"灰姑娘"。"我能在与她的竞争中胜出吗？我该怎样争取到这个角色呢？"杨妍心中十分忐忑。

这些道理应该懂

面对心仪的事物或机会，我们常常会感到害怕或不确定，担心自己的表现不够出色或无法得到他人认可。虽然内心充满渴望，但在争取时又感到犹豫和紧张。其实，这是成长过程中一种普遍的心理挑战：如何在自我怀疑与外界压力之间找到平衡，勇敢地追求自己的梦想。

我们要清晰地认识到，面对梦想，不管实现的概率有多小，争取，就有梦想成真的可能，放弃，实现梦想的概率为零。我们要学会尊重自己内心的声音，给予心灵足够的支持和鼓励，勇敢去体现自己的价值和能力。

● 做好充分准备，熟悉剧本的每一个细节，反复练习台词，深入揣摩角色的内心世界。此外，参加一些表演培训或者自我学习，提升表演技巧。这有助于我们在老师面前，更好地诠释角色。

● 清晰、有条理地表达自己的愿望，告诉老师为什么想要扮演这个角色，以及我们对角色的独特理解。

● 别忘了展示自己的优势，比如过去的表演经验、特长，或者对文艺的独特思考。做好这几点，就能极大提升我们获得角色的机会。

如何向老师争取换座位

吴晓枫近来颇为苦恼，他的同桌张华是个活泼开朗的男孩，但上课总爱找他聊天，那份热情让吴晓枫难以专心听讲。每当他试图全神贯注地投入书本，张华的笑声或悄悄话就如轻风拂过湖面，扰乱了他的思绪。吴晓枫深知这样下去会影响学业，内心渴望换个更安静的学习环境。然而，每当他鼓起勇气想和老师提及此事，又害怕伤了同窗情谊，或是显得自己太过挑剔。这份犹豫如同巨石，沉甸甸地压在他的心头，让他迟迟不敢开口。

！这些道理应该懂

这样的困境其实很多同学都会遇到。首先我们要明白，**保护自己的学习环境很重要**，就像小树需要阳光雨露，但也需要免受风雨的过度侵扰。所以提出解决此问题并不是挑剔，而是关心自己的成长。

你可以找个合适的时机，先与打扰自己学习的同学进行良好的沟通，和和气气地告诉他你上课时需要更加专注，希望他能理解并支持你。如果对方对于你的沟通依然置若罔闻，那么不妨向老师求助，说明你的想法，老师会帮助你找到一个两全其美的办法。

● 首先，向老师简要说明具体情况，接下来，用"我"为主语表达自己的感受，比如："这对我的学习造成了一定的困扰，我希望能够在一个更加专注和安静的环境中学习。"

● 明确告诉老师我们的需求，比如："我希望能找到一个方法，既不影响我和他的友谊，又能让我在课堂上更好地学习。"

● 同时，可以表达已经尝试或考虑过的一些解决方案，比如："我已经尝试过私下沟通，但效果不好。"然后征求老师建议："老师，您有什么方法可以帮助我解决这个问题吗？"

不管问题是否得到完美解决，结束沟通时，别忘了向老师表达感谢。

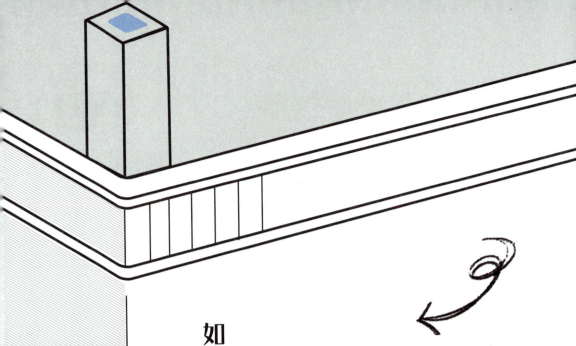

如何向老师

争取三好学生名额

展鹏，一个平日里默默努力的学生，心中怀揣着对"三好学生"荣誉的渴望。每当看到表彰榜上的名字，他的眼神中便闪烁着羡慕与向往。然而，这份渴望被自我怀疑的阴霾笼罩——他担心自己的成绩虽优秀，却不够耀眼；担心自己的特长，在班级中不够突出；更害怕的是，一旦自荐却未能如愿，会遭到同学的非议。这种复杂的情绪像巨石般压在他的心头，让他每晚辗转反侧，犹豫不决。

这个世界上，每一个勇敢迈出的步伐，都闪耀着独一无二的光芒。每个小朋友心中对"三好学生"荣誉的渴望，都是内心对自我成长和进步的追求。这份渴望，比任何成绩或特长都要来得更加珍贵。

如果担心自己的成绩不够耀眼，那就让每一次的努力都成为超越自己的证明；害怕特长不够突出，那就让每一次展示都成为突破极限的舞台。记住，真正的优秀，不仅仅是外界赋予的标签，更是内心深处那份对自己的认可和不断向前的勇气。至于害怕自荐后可能遭遇的非议，其实大可不必，有时勇敢的人或许是少数，但正是这些少数人的勇气，激励着更多人勇敢前行。

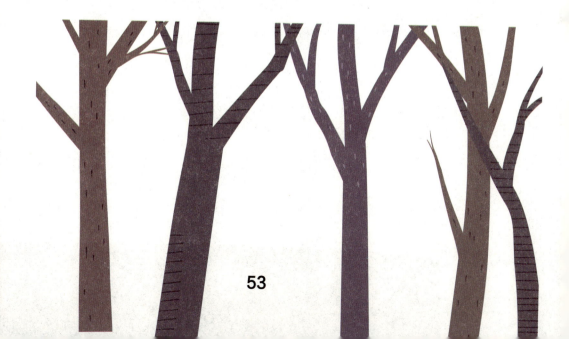

小建议

● 勇敢表达成为"三好学生"的愿望，并简述这一荣誉对自己的意义。诚实地评价自己的学习情况、品德修养、社会实践等方面的优点，突出自己的长处。

● 列举具体的成绩与努力，比如成绩排名、进步幅度、参与的学习项目等。分享自己在追求目标过程中遇到的挑战及如何克服，强调努力和坚持的重要性。

● 阐述自己如果获得"三好学生"荣誉后，将如何继续保持并提升自己的综合素质。提出具体的未来学习计划、品德修养提升计划以及特长发展的方向。并表达自己对实现目标的坚定决心和信心，以及对未来挑战的积极态度。

如何向老师争取当主持人的机会

对于班级即将举行的元旦联欢会，楚欣欣早已心有所属——她渴望成为节目主持人。为了这个愿望，每当夜幕降临，楚欣欣便会对着镜子练习台风，整整一个月从未间断。然而，每当想去向老师自荐时，那份自信便如晨雾般消散。她害怕同学们投来质疑的目光，更害怕那个"不"字彻底击碎自己的梦想。这份纠结如同细网，紧紧缠绕她的心房。楚欣欣明白，唯有跨出那一步，才能拥抱属于自己的光芒，可那一步，对她而言，却显得格外艰难。

！这些道理应该懂

恐惧是人类共有的情感，它并不代表软弱，而是我们成长的催化剂。意识到自己的恐惧，是走向强大的第一步。闭上眼睛，深呼吸，想象自己站在舞台中央，那份紧张与不安正是我们即将蜕变的信号。告诉自己："我感受到了恐惧，但我选择面对它，而不是被它控制。"

　　最终，当我们觉得准备好的时候，务必要鼓起勇气向老师完成自荐。这样，无论结果如何，我们都已经成为一个勇敢追梦的人。如果得到机会，那将是梦想启航的时刻；如果没有，也不要气馁，因为每一次尝试都会让我们更加坚韧，更加接近那个理想的自己。

小建议

● 直接而诚恳地表达对成为主持人的强烈愿望，例如："老师，我非常希望担任班级／学校活动的主持人，我对此充满热情，认为这一职责能够锻炼自己并为大家带来欢乐。"

● 列举并详细说明自己适合成为主持人的个人优势，如良好的沟通能力、应变能力、声音特点（如清晰、富有感染力）、自信心以及对活动的热情等。如果曾有过主持或类似经历，可以详细描述在这些经历中自己的表现和学习到的技能。

● 强调自己对这一职责的认真态度，说明自己愿意投入时间和精力去准备，确保活动的顺利进行。让老师相信我们能够胜任并对此负责。

你最喜欢学校的哪门课程？为什么喜欢它？

....

....

....

....

....

你觉得什么是好朋友之间最重要的品质？

....

....

....

....

....

当你和朋友发生争执时，你们是怎么和好的？

....

....

....

....

....

当你感到害怕或者紧张时，怎么做可以帮助你放松？

....

....

....

....

有没有遇到过让你觉得特别尴尬或者害羞的事情？

....

....

....

....

你觉得和朋友一起玩游戏时，最重要的是什么？

....

....

....

....

不要害怕，让思想如绚烂的烟火般绽放，

即使是最微小的疑问，也是心灵探索中璀璨的辰星。

敬爱的导师，一直在期待着勇士航至岸畔，

将心中的疑惑与创新的火花，化作最真挚的反馈，

共同点亮知识的海洋。

勇往直前吧，让思想的翅膀无畏飞翔，

在知识的天空里，书写出属于自己的璀璨篇章！

第4章

有效反馈，请老师把我们的问题重视起来

自己受到了欺负

如何向老师反映

近来，学校的角落成了刘颖最害怕的地方。那几个调皮的同学，总是无端地欺负她。向老师求助的念头，时常在刘颖脑海中浮现。但每当想到要面对老师，她就感到莫名的紧张，害怕自己因紧张而语无伦次，让老师误解。更深的恐惧是，如果老师介入，那些同学的报复可能会更加凶狠。这些担忧像巨石般压在她心头，让她难以呼吸。然而，每当夜晚，她都会在心中默默地模拟如何向老师诉说自己的遭遇，期待着老师能够带她走出这片阴霾。

这些道理应该懂

受到欺负，内心难免起伏不定，被恐惧与无助笼罩，甚至开始怀疑自己的价值。但请坚信，**受欺负绝不是我们的错**，我们无需背负这份不该有的自责。此刻，不妨给自己一个深情的拥抱，去感受那些复杂的情绪，但绝不能让它们阻碍我们前进的脚步。寻找一个可以安心倾诉的角落，先将内心的痛楚与不安慢慢释放出来。

记住，我们从不孤独，学校里的老师就像亲人一样，时刻准备为我们提供帮助和关怀。遇到难题，不要害怕向他们求助。同学们的疏远可能只是暂时的误会，随着时间的推移，一切都会变得明朗。

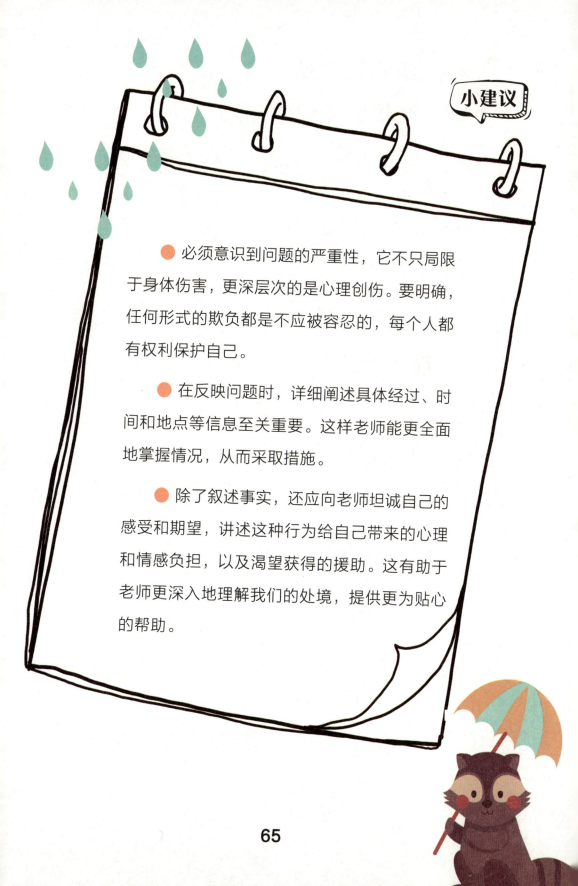

● 必须意识到问题的严重性，它不只局限于身体伤害，更深层次的是心理创伤。要明确，任何形式的欺负都是不应被容忍的，每个人都有权利保护自己。

● 在反映问题时，详细阐述具体经过、时间和地点等信息至关重要。这样老师能更全面地掌握情况，从而采取措施。

● 除了叙述事实，还应向老师坦诚自己的感受和期望，讲述这种行为给自己带来的心理和情感负担，以及渴望获得的援助。这有助于老师更深入地理解我们的处境，提供更为贴心的帮助。

如何请老师
帮忙解决同学矛盾

课间，赵强带着一丝戏谑的口吻，调侃李浩上次的考试成绩是否"有水分"。这原本只是一个玩笑，但在此前成绩一直不好的李浩心中却激起了千层浪。他感到自己的努力与人品受到了侮辱，内心顿时充满了委屈和愤怒。二人随之吵了起来。很长一段时间，两个人都对对方视而不见。李浩心中很矛盾，也很挣扎，他既想坚守自己的尊严，又不愿失去赵强这位朋友。这种冷战的状态让他越来越感到难受，几经挣扎，他犹豫地走向了老师的办公室。

！这些道理应该懂

在我们还没有完全成熟起来之前，同学之间的矛盾有时会让我们感到迷茫和无力，仿佛置身于错综复杂的迷宫之中，越想尽快走出去，越找不到出路。这时，请老师帮忙解决矛盾，不失为一个好办法。

请老师帮忙，不仅是为了寻求一个公正的仲裁，更是为了得到心灵的指引和支持。老师作为我们成长道路上的引路人，拥有丰富的经验和智慧，能够洞察矛盾的根源，给予我们宝贵的建议。他们的中立意见和耐心倾听，有助于我们平复情绪，理性看待问题。同时，通过老师的引导，我们可以学会更好地沟通与理解，培养解决矛盾的能力。

● 在求助时，我们可以找一个与自己关系良好的老师，或者选择负责学生事务的老师。这类老师通常对学生的问题更敏感，也更愿意主动介入和提供帮助。

● 在陈述矛盾的起因与过程时，尽量保持客观和详细，以便老师能够更全面地了解事情经过。

● 保持耐心，不要急于求成。同时，对于老师提供的解决方案，应保持开放的心态，积极考虑并尝试。

67

如何向老师解释由于身体原因不能参加某些活动

　　李玲平时总是活力满满的，每当班级活动召唤，她便积极响应。然而，校园运动会前夕，突如其来的身体不适，使她不得不向老师申请放弃这次参赛名额。她的心中像被细雨轻拂，既遗憾又忐忑。李玲深知，这不仅仅是一次重要的比赛，更是与同学们加深友谊、展现集体精神的机会。她害怕自己的缺席会被误解为不积极，担心老师的期望落空，更怕同学们在背后议论她的"不合群"。夜深人静时，李玲辗转反侧，内心纠结成一张复杂的网，既是对身体不适的无奈，也是对融入集体的渴望。

这些道理应该懂

　　有时候，我们的身体并不总是能够配合我们的意愿，这可能会让我们感到沮丧和无助，尤其是在无法参加某些期待已久的活动时。这样的经历可能会引发我们的愧疚感，担心被他人误解或排斥。然而，坦诚地沟通，正是建立自信与获得尊重的重要一步。

　　向老师解释由于身体原因不能参加活动，不仅是对自我健康状况的负责，更是一次勇敢面对现实、积极寻求理解与支持的过程。老师的理解和关怀，能够为我们提供情感上的支持，减轻内心的负担。同时，这也是一个学会调整心态、接纳自我的机会。身体原因并非我们能完全掌控，但我们可以选择以何种态度去面对。

小建议

● 清晰准确地概述健康状况，包括确切的健康问题、医生的正式诊断及当前的治疗进展。避免使用含糊或过分夸张的表述，以免给老师留下不诚恳的印象。

● 若条件允许，最好能提供医生出具的正式证明或建议书，作为身体状况不适合参与活动的有力佐证。以此提升我们表述的可信度，促使老师更深入地理解我们的实际困难。

● 向老师诚恳表达因为无法参与活动而感到的遗憾，并明确表示，一旦身体状况好转，期待能积极参与班级或学校的各项活动。这种积极向前的态度，能让老师感受到我们的真诚与责任心。

69

如何向老师解释

自己被冤枉了

刘倩意外卷入了一场钢笔失踪的风波。由于她家庭条件不好，竟成了众人怀疑的对象。流言蜚语迅速在同学间传播，在铺天盖地的误解与无情的指责之下，刘倩的内心仿佛被重石压得喘不过气来。辩解，在她看来，不过是苍白无力的挣扎，只会让问题变得更加复杂；而逃避，则是对自己的背叛，她不愿成为那个在风雨中退缩的人。她陷入了深深的自我挣扎之中，内心的痛苦如同潮水般汹涌而来，让她几乎窒息。

这些道理应该懂

受了委屈，被人冤枉，一定要向老师解释清楚，并且寻求老师的帮助。

这不仅仅是为了洗脱冤屈，更是为了地维护自我的人格与尊严。

这个过程可能会引起我们的心理不适，但请记住，坦诚与真实是我们最坚实的盾牌。向老师阐述事实，不仅能够帮助我们澄清误会，还能够培养我们应对困境的勇气与能力。老师的倾听和理解，会如同温暖的阳光一般，驱散缠绕着我们的阴霾，还给所有人一个清清楚楚的真相。

● 向老师澄清时，要真诚表达感受，如委屈、不解与害怕。同时，用确凿的事实为自己辩护，明确事件的时间、地点、人物及我们的行动路径，避免模糊用词，提供可查证的细节。

● 深入分析误会产生的可能的原因，如信息传递的误差、目击者的误解，或是有意的误导，然后提出合理推测，帮助老师理解自己为何会陷入冤屈，并强调自己的清白。

● 向老师表述，自己强烈渴望他介入调查，以揭示真相。如果问题得到解决，及时向老师表达感谢，并反馈行动结果。如果没有立即解决，也可以保持沟通，适时跟进。

如何请老师帮助解决自己的烦恼

　　刘刚是班上公认的开心果，近日却仿佛被愁云惨雾紧紧包围。家庭的变故，像是一根难以解开的绳结，紧紧缠绕在他的心头。他想去找老师倾诉，希望老师能够为自己提供一些应对这种局面的建议。但每次想到自己那惨不忍睹的成绩单，就仿佛看到了老师失望的眼神，这让他望而却步。然而，经过一番内心的挣扎，他最终还是站在了李老师的面前。那一刻，他紧张得双手紧握，手心里满是冷汗，眼神闪烁不定。他深吸一口气，试图平复激动的心情，心中却依然如同波涛汹涌的大海，难以平静。

！这些道理应该懂

　　生活中的种种烦恼，时常会让我们感到迷茫和无助。面对困境与挑战，选择倾诉本身就是一种力量。

　　请记住，成绩从不是衡量个人价值的唯一标尺，我们在老师心中的形象，远比那几页纸要丰富、立体得多。不妨轻轻放下肩头的重担，让心底那份纯真的言语如同潺潺溪流，自然流淌而出。届时我们会发现，在分享与求助的温柔里，原本沉重的负荷竟悄然变得轻盈，仿佛春日暖阳下融化的冬雪，留下的只有清新的空气与希望的田野。

　　请相信，老师一直期待着倾听我们的心事，与我们一同寻找解决之道。

● 无论是困惑、焦虑还是无助，要勇于坦诚心声。同时，清晰界定所求，是渴望学习策略的点拨，还是人际互动的指引，明确的诉求才能让老师精准把握解法。

● 表明愿意接受意见并致力于改善的决心。对老师的建议即便初时难以接受，也尝试理解吸纳，这样的正向互动能增进信任，促进双方深入有效的沟通。

● 适时地提出感谢，感谢老师愿意倾听我们的问题，并为我们提供宝贵的建议和支持。让老师感受到他的努力得到了认可与尊重。

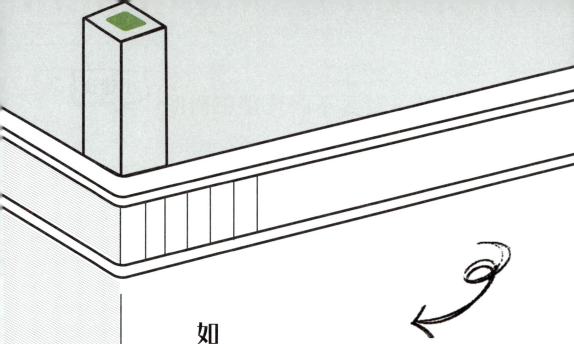

如何让老师明白

我们需要什么样的具体帮助

　　李胜是一个科学迷，却因数学短板对即将到来的科学竞赛既期待又焦虑。班里选拔消息一出，他心潮澎湃，却又因数学成绩拖后腿而犹豫不决。几次想向老师求助，却总是难以启齿。一天，李胜在图书馆遇见数学老师。他鼓起勇气，支吾道："老师，我……想参加科学竞赛，但数学……我不好，我怕……"老师惊讶于他的抱负，又因他表达不清而一时摸不着头脑。

！这些道理应该懂

在学习与生活的浩瀚征途中，我们难免遭遇挑战的重峦叠嶂。此刻，寻求老师的指引是我们茁壮成长的必要程序。然而，要让这光芒精准地照亮我们的心田，需要我们以细腻之笔，勾勒出内心深处的需求图景。

因为我们渴望的，不仅仅是声音的回响，更是心灵的共鸣——一位愿意倾听我们细语、洞悉我们灵魂挣扎的智慧师长，用他那些具体的、如同星辰般指引方向的建议，帮助我们拨云见日，明确前行的航道。

主动而清晰地传达这份需求，是我们成长路上的一次优雅绽放。

小建议

● 确保自己的需求是具体的。例如，如果需要学习上的帮助，明确指出是哪个科目、哪个章节或具体的问题。

● 解释这个需求的重要性，比如它如何影响学习状态、学习进度等。说明需求的紧急程度，以便老师能够优先处理。

● 老师可能会通过提问来深入了解情况，或直接给出建议。无论老师的反馈如何，都应保持开放的心态，积极接纳并努力理解老师的观点，同时对老师表达真挚的感谢。

如何让老师认可问题的重要性

李萌鼓起勇气，携带几道百思不解的难题向老师求助。老师觉得题目有些超纲，希望李萌能够先掌握好当下的学习任务。李萌却不气馁，以稚嫩而坚定的声音，向老师讲述难题背后的逻辑魅力，以及它们如何成为自己日日夜夜的困扰。李萌的真诚引起了老师的重视，她开始深入审视这些题目，这才发现，这些难题对于锻炼学生的逻辑思维能力大有益处。于是，老师不仅为李萌做了细致的解答，还引领全班展开讨论。

这些道理应该懂！

在日常学习、生活中，我们常会遇到那些在心头萦绕不去，深感迫切，却难以即刻触动老师的问题。这时，主动与老师沟通非常必要。

一方面，这可以使老师对我们当前所处的状态、所做的事情有所了解。除了提供必要支持，老师在对我们进行学习辅导或分配班级任务时也会进行权衡考虑。

另一方面，老师通过对我们当前状态的了解，可以对我们进行新的评估。这对建立良好的师生沟通和增进师生关系，都会带来积极作用。

小建议

● 在找老师之前，先花时间清晰、具体地定义自己的问题。思考这个问题为何重要，它对我们的学习或生活造成的具体影响是什么，以及我们期望通过老师的帮助达到什么目标。

● 提供背景信息非常关键。包括问题产生的原因及关联，以及自己尝试解决问题时遇到的困难。这些信息有助于老师全面把握问题，了解问题解决的紧迫性。

● 在表达问题的同时，如果能附上一些自己的想法或解决方案，会显得我们更加积极主动。这不仅能让老师看到我们的努力和思考，也能为解决问题提供更多可能的角度。

当你感到孤独或者想找人聊天时，你会找谁？

....

....

....

....

....

你觉得什么是勇敢？有没有做过勇敢的事情？

....

....

....

....

当你做错事情时，你会怎么面对和改正？

....

....

....

....

最近一次体育活动，你尝试了什么新项目？感觉如何？

....

....

....

....

你觉得什么是友情？友情对你来说意味着什么？

....

....

....

....

当你帮助别人时，你的心情是什么样的？

....

....

....

....

在求知的路上，

我们既是旅人，亦是诗人，

每一步脚印都镌刻着对未知世界的深情向往。

晨曦微露，我们以梦为马，

追逐那第一缕曙光的温暖与希望，

心灵在浩瀚的知识海洋中追随师长一起遨游，

宛如漂泊的船只找到了灯塔的指引。

沿途风景万千，既有荆棘密布的崎岖小道，

也有繁花似锦的康庄大路，

让我们以笔为舟，以墨为帆，与师同行。

5

与老师携手精进，
快速提升自己的学习成绩

张凯坐在教室的窗边，阳光斜斜地照在他的课本上，但他的注意力却无法集中在那些字句上。旁边，他的同桌正窃窃私语说个不停，小动作不断，难以学习的张凯眉头越皱越深。他担心自己的成绩会因此下滑，更害怕被老师和同学们看作是一个不能自律的孩子。他的内心充满了矛盾和挣扎，一方面想要直接告诉同桌他的不满，另一方面又怕伤害到与同桌的友情。这种纠结让他的心情越来越沉重，他急需找到一个解决问题的方法。

这些道理应该懂

向老师反映同桌影响自己学习，实际上是我们对良好学习环境的向往和对个人学习效果的关注。在学习过程中，我们都希望能够集中注意力，高效吸收知识。然而，当同桌的行为干扰了这种专注时，我们可能会感到困扰和不安。

这种心理反应并不是对同桌的否定，而是对个人学习需求的正当表达。它揭示了我们对学习质量的追求和对自我发展的渴望。每个人都有权利在一个有利于学习的环境中成长，这是个人成长道路上不可或缺的一部分。

● 向老师反映时，要用具体的语言阐述同桌如何影响自己的学习，比如经常打扰、闲聊等。在此过程中，保持冷静和理性至关重要，避免情绪化表达。

● 要特别注意，不要对同桌进行言辞攻击，不要把反映问题变成告状，这是维护同学关系的重要一环。

● 向老师强调，迫切希望老师能够理解并帮助自己解决这一问题，对老师进行感谢的同时，请老师帮助自己保密。

如何解决
当众答题的紧张心理

每当被叫起来答题时，王媛媛总会陷入一种难以名状的紧张情绪中。尽管她在心里无数次告诉自己要勇敢，可那种恐惧感却总是挥之不去。看着其他同学自信满满、对答如流的样子，王媛媛既羡慕又不甘。她知道自己有能力给出正确答案，但那种紧张心理却像一道无形的枷锁，束缚着她的勇气和自信。她多想战胜自己内心的恐惧，能从容淡定地回答每一个问题啊！

！这些道理应该懂

紧张不仅源于对答案正确与否的担忧，更深层次地，它反映了个人对自我形象的关注，以及对他人评价的敏感。在这种心理状态下，人们往往害怕自己的表现不如预期，担心因此受到负面评价。不过，这种紧张心理也不完全是消极的。

实际上，它是一种信号，提醒我们某些事情对我们很重要，需要投入更多的注意力和精力。同时，适度的紧张也有助于提高我们的专注度和应对能力。因此，当我们感受到这种紧张情绪时，不必过于惊慌或自责。相反，可以尝试接纳它，理解它背后的意义，并学会在紧张中寻找成长的机会。

● 要学会正视自己的紧张情绪，不要过于苛求完美。告诉自己，紧张是正常的反应，只要尽力去答就好。同时，保持积极的心态，相信自己有能力应对各种挑战。

● 可以用一些关键词或短语来引导自己的思路，确保表达的连贯性和条理性。这样不仅可以缓解紧张感，还能让大家更好地理解你的观点。

● 可以在小组中模拟课堂答题，通过多次练习增强信心。同时用积极的话语鼓励自己，如"我已经做好准备了""我可以做到"。

如何向老师请教
自己没听懂的问题

　　徐晴坐在教室里，目光紧紧跟随着老师的讲解，但心中的疑惑却像迷雾一般越积越厚。那些复杂的公式和概念，让她感到既迷茫又焦虑。每当想要举手提问时，内心总会有一个声音在悄悄说："再等等吧，也许别人都没听懂，你提出来会显得很笨。"然而，因为学习环节的缺失，随着课程的不断深入，徐晴后面的学习变得越来越困难。这时她才明白，自己究竟错过了什么。

这些道理应该懂

　　不懂并不意味着失败，而是学习过程中的一个自然环节。每个人都会遇到难以理解的知识点，关键在于如何面对。在这里建议大家：

　　首先，接纳自己的不足，不要急于否定自己；

　　其次，可以试着从不同角度思考问题，或者将难点分解，逐一攻克。

　　最关键的是我们要勇于向老师提问，寻求更清晰的解释。记住，提问是智慧的火花，它能帮助我们照亮知识的盲点，形成更深层次的理解和掌握。

小建议

● 根据问题性质选择合适的沟通方式，复杂问题建议与老师当面交流，简单问题可通过社交软件或邮件快速解决。

● 在课本、课件或笔记中做好标记，列出问题，按重要性排序，先解决最核心的疑问。

● 老师讲解后，及时总结，整理到学习笔记中。如需进一步理解，可查阅资料或做相关练习。定期回顾这些问题及其解答，有助于巩固记忆，避免同类困惑再次出现。

如何让老师帮忙
找到成绩下降的原因

叶希文最近成绩直线下滑，每次看到试卷上的分数，她的心都会沉沉地下坠。她不明白，自己明明已经这么努力了，为什么成绩还会下降？内心的焦虑和困惑让她决定去找老师帮忙。站在老师办公室门口，叶希文心中充满了忐忑，她担心老师会对她失望。但更深的恐惧是，如果找不到成绩下滑的原因，她该如何面对自己？

这些道理应该懂

成绩波动是学习过程中的正常现象，它可能由多种因素导致，比如学习方法不当、时间管理不善或是某些知识点的遗漏。关键在于，我们如何看待这一变化，并从中寻找成长的机会。

此时，向老师求助是一个明智的选择。老师不仅能提供专业的视角，帮助我们分析成绩下降的可能原因，还能给予我们情感上的支持与鼓励。保持开放的心态，大大方方地与老师进行沟通，我们便可以更清晰地认识自己的困境，将学习调整到正确的方向。

● 尝试自我纠错，比如时间管理不当、课堂注意力分散或对某些知识点理解不透彻。这样，老师能够更准确地把握我们成绩下滑的原因，并提供更具针对性的指导。

● 在反思学习态度的同时，也需要与老师探讨外部因素，比如家庭状况、社交环境等，是否对个人的学习造成了影响。

● 与老师一起探讨改进策略，比如采用更高效的复习技巧；在薄弱环节加强练习；寻求额外辅导，以弥补知识上的缺漏。同时，与老师讨论如何解决外部因素。

如何请老师帮忙
制订学习计划提升成绩

董亚宁在教室里默默坐着，成绩单上的数字像针一样刺痛着他。他渴望进步，但每次努力都似乎化为泡影。他知道，自己需要一份有效的学习计划，然而这对他来说却是个难题。他曾试图自己制订计划，但总是不得要领。向老师求助的念头在他心中闪过，但很快就被羞涩和不安淹没。他害怕被老师批评，被同学嘲笑，于是他选择了逃避。然而，逃避并没有让问题消失。

！这些道理应该懂

当我们对知识产生深深的渴望时，不仅是求知欲的萌发，更是内心成长意识的觉醒。在这段探索的旅程中，我们或许会感受到内心的波动与不安，担心向他人寻求帮助会显得自己不够独立。但这样的担忧其实大可不必。

学习，从来不是一个人的战斗。它需要我们与他人携手，共同交流、合作与进步。老师的丰富经验和专业指导，能够帮助我们更快地掌握知识，提高学习效率。当我们选择向老师咨询时，其实是在为自己的学习之路添砖加瓦，使其更加坚实。请老师帮忙制订学习计划，并没有什么不妥，这是对自己成长的一种负责任的态度。

小建议

● 询问老师对于我们的学习状况的看法，以及他认为我们应该如何着手改进，可以提出具体问题，如："您认为我应该先从哪些方面入手？有没有特别推荐的学习资源或方法？"

● 与老师共同探讨学习计划的具体内容，包括每天／每周的学习时间分配、学习内容的安排、复习与测试的方式等。

● 在沟通结束时，总结并确认老师的建议和共同制订的学习计划，确保双方对内容有清晰的理解。

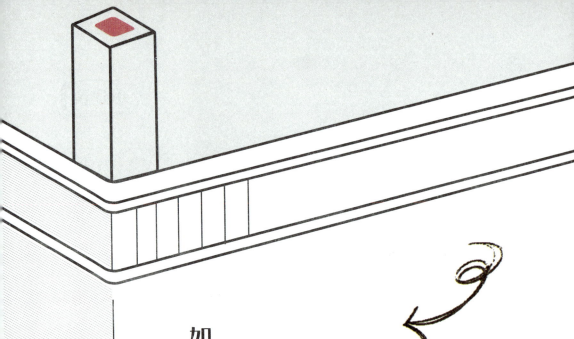

如何向老师反馈

我们受到指教后的学习成果

一次偶然的机会，李老师在课后为文静指点迷津，不仅剖析了她的学习短板，还悉心传授了解题技巧。文静听后受益很大，当然，困难也不可避免。她没有气馁，而是想到了一种特别的方式来向李老师反馈——制作一份详尽的学习报告。可是，这份报告应该怎样写才合适呢？文静感觉自己又被难住了。

反馈，是一种积极的沟通方式，它不仅能够让老师了解我们的进步与不足，更能够加深师生之间的理解和信任。当我们勇敢地展示自己的学习成果，无论是成功还是失败，都是在向老师传达一个信息：我在努力。

　　这样的反馈，有助于我们建立更健康的学习心态。它鼓励我们正视自己的问题，不逃避、不隐瞒，从而在学习上更加自信、从容。因此，不要害怕向老师展示你的学习成果，无论它是优异还是一般，都是你成长的足迹，都值得被看见、被肯定。

● 要让老师清晰看到我们的成长和进步。比如："之前，我在解决某类数学问题时总是感到困难，但现在，我已经能够熟练运用老师教授的方法，轻松应对。"

● 在反馈中，务必突出老师的指导作用。例如："老师，您的指导对我至关重要，特别是您教我如何理解题目和清晰思路，才使我的学习有了显著进步。非常感谢您的帮助！"

    ● 要明确指出自己在哪些方面有了显著提升。比如："我做题的速度比以前提升了20%。"同时，要诚实地反映自己遇到的难题和困惑，并附上自己的思考和尝试解决的步骤。

如何恰当地与老师讨论问题的不同见解

张磊对老师的一个问题产生了不同的见解，这让他既兴奋又紧张。他担心自己的观点会被视为异类，想要举手，可手却像被千斤重石压着，始终无法抬起。终于，他鼓起勇气，决定课后找老师私下交流。然而，当下课铃声响起，他又开始犹豫，脚步迟迟未动。看着老师即将走出教室，他心中一急，脱口而出："老师，我对刚才的问题有不同看法！"话音一落，全班哗然，张磊又不知道如何说下去了。

！这些道理应该懂

在与老师讨论问题时，表达不同见解不仅是对知识的深入探索，更是对自我思维的锻炼和提升。这个过程中，我们可能会感到忐忑，担心自己的观点与老师相悖，怕不被接受或产生冲突。但要知道，这样的担忧只会束缚我们的思考和成长。

讨论的本质并非争论高下，而是为了探寻更深层的真理，为了拓宽彼此的视野。老师不仅是知识的传递者，更是思维的引导者，他们期待我们能发出不一样的声音，展现独立思考的能力。所以，不要害怕表达自己的见解，勇敢地与老师交流，这不仅能促进我们的成长，还能激发更多的创新思维。

小建议

● 避免使用绝对语气。即使对自己的想法很有信心，也要保持一种探讨和询问的态度。这样，才更容易邀请老师加入讨论，同时也能体现我们谦逊的态度和满满的求知欲。

● 用实例来支撑观点。实例可以让抽象的想法变得更具体，从而增强说服力。比如，可以展示我们的解法或理论如何在实际中应用。这样，我们的观点就会更加生动有力。

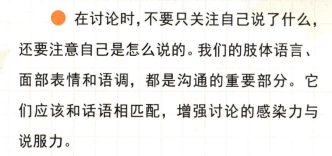

● 在讨论时，不要只关注自己说了什么，还要注意自己是怎么说的。我们的肢体语言、面部表情和语调，都是沟通的重要部分。它们应该和话语相匹配，增强讨论的感染力与说服力。

有没有某个故事或者某部电影让你觉得特别感动或者有所启发？

....

....

....

....

....

你觉得什么是责任？你觉得现在的自己，应该承担哪些责任？

....

....

....

....

你有没有想过自己最大的优点是什么？

....

....

....

....

当你看到别人受伤或者难过时，你会有什么反应？

....

....

....

....

你觉得什么是幸福？生活中有哪些事情让你觉得幸福？

....

....

....

....

当你想要某样东西但得不到时，你会怎么处理这种失望感？

....

....

....

....

师生情深，

犹似春风细雨，

滋养心魂之壤。

然则，误解与隔阂，宛若寒霜潜袭，

不经意间霜染沃土，令和谐乐章中平添几丝杂音。

回首往事，何其美好，

愿我们以宽容为梁，筑就心灵之桥；

以理解为桨，泛舟情感之河。

共破难关，再寻那份纯真与美好。

6

关系急救

不要让简单的问题变成师生矛盾

如何克制顶撞老师的情绪冲动

杨文斌是一个很有主见的孩子，但是偶尔也会固执、偏激。今天，老师"不留情面"地批评了杨文斌，指出了一些他在学校的错误。杨文斌听后，心中很不高兴，觉得老师只盯着自己的错误看，是在针对自己。一股强烈的冲动涌上心头，他想要为自己争辩。他的手握得紧紧的，小脸憋得通红，双眼闪烁着倔强的光芒。仿佛心中强行压制的不满，下一秒就要爆发出来。

这些道理应该懂

面对想要顶撞老师的情绪冲动，我们首先要深入理解这种情绪背后所隐藏的心理动机。这种冲动可能源于自我意识的强烈表现，或是在某种压力下产生的反抗心理。感受到这种冲动时，往往说明我们正处于一种情绪的临界点，内心的平衡被暂时打破。

这时，不妨先停下来，深呼吸，让自己从即将失控的边缘回归平静。要明白，顶撞非但无法解决问题，反而可能加剧师生间的隔阂。老师作为我们成长路上重要的引导者之一，他们的经验与教导值得我们虚心倾听。学会控制这种冲动，不仅是对自己情绪的管理，更是对师长尊重的体现，也是个人成长道路上必修的一课。

● 在发现情绪出现不良反应时，提醒自己，顶撞老师会带来负面影响，如破坏师生关系、影响自己的形象和声誉，甚至可能受到学校的纪律处分。

● 换位思考，尝试从老师的角度看待问题，我们就会理解老师为何会有这样的要求或批评。要认识到，老师提出意见和建议，通常是为了学生的成长和进步。

● 对自己说一些积极的话，如"我可以控制自己的情绪""老师是为了我好"等，以转移注意力，并增强自控力。

如何说服老师不要找家长

　　张扬是个活泼好动的小学生，这天，他因为在学校里调皮捣蛋，影响老师正常教学秩序，导致老师很生气。老师准备第二天让张扬父母来学校一趟。这可把他吓坏了，他担心回家以后会被父母责骂，焦虑的情绪让他一整天都心神不宁，连最喜欢的体育课也提不起精神来。张扬暗想，有什么办法能够说服老师，饶过自己这一次呢？

！这些道理应该懂

　　老师主动寻求与家长的沟通，其实并不是要向家长告状，而是满载着对我们深沉的关爱与期盼，希望携手家长，共同绘制我们成长的美好蓝图。其实在老师的眼中，每一个学生都是独一无二的宝贝，不会厌恶，也不会偏爱。但是，每一个宝贝都需细心雕琢，而家长的参与，则是这股力量中不可或缺的一环。

　　借助这样的联结，老师和家长能够更好地理解和支持我们的每一步成长，共同为我们的未来铺设坚实的基石。所以，从这个角度来看，找家长未尝不是一件好事，不是吗？当然，如果因为某些原因，我们真的不希望被老师找家长，那就要好好表现喽。

小建议

● 首先，要对老师想要帮助我们改正错误的想法表示感谢，然后坦诚地说明自己的立场，例如担心家长得知后会过分担忧或给自己施加不必要的压力。

● 告诉老师我们已经意识到错误，并已经采取了一些措施进行改正或补救。提出一些自己认为可行的解决方案，并询问老师是否愿意给我们一个机会来自己解决问题。

● 承诺会在一定时间内改正错误或解决问题，并主动向老师报告进展。注意，一定要遵守承诺，通过实际行动来证明自己的诚意。

如何向老师解释清楚
彼此间的误会

　　课堂上，亚杰不停地挪动着身体，试图缓解长时间坐着带来的不适感。老师眉头紧锁，认为他在故意扰乱课堂秩序，于是当众批评了他。亚杰的心中顿时充满了委屈，他明白自己并非老师口中的那个捣蛋鬼。他其实只是身体感到不适，想要稍微调整一下姿势，却没想到会引发这样的误会。然而，老师批评完后继续讲课，并没有给他解释的机会。亚杰张了张嘴，却不知道该如何开口，心里五味杂陈，既委屈又迷茫。

这些道理应该懂

　　师生之间的误会往往源于沟通的不畅或是信息的误判，它们像无形的屏障，阻碍了师生之间的理解与信任。当误会存在时，我们可能会感受到困惑、焦虑甚至是冤枉，这些负面情绪会影响到我们的学习态度和生活质量。

　　因此，及时而坦诚地向老师解释误会，不仅是为了澄清事实，更是为了恢复内心的平和与宁静。通过解释，我们可以表达自己的真实想法和感受，让老师了解我们的立场和意图。同时，这也是一种对自己负责、对关系负责的表现。记住，真诚的沟通是化解误会最有效的途径，它能够帮助我们建立起更加稳固和谐的师生关系。

小建议

● 在与老师沟通之前，先自己梳理事件的来龙去脉，明确要表达的核心观点和感受。这样，交流时能更有条理，避免因紧张或激动而遗漏信息。

● 在解释误会时，尽量使用"我"为主语的表达方式，例如"我当时是这样想的……"。这样的表达方式可以减少攻击性，让老师更容易接受我们的观点。

● 沟通过程中，要适时询问老师是否理解自己的意思，有无疑问，确保信息被老师正确理解，使沟通更加顺畅。

如何才叫正确地接受批评

刘鹏宇的作业中出现了一个严重错误，这个错误对于平时成绩优异的他来说，显得格外刺眼。当老师在课堂上当众指出这个错误时，刘鹏宇的心脏猛地一沉，他仿佛从自信的巅峰跌落到了谷底。他低着头，害怕与任何人的目光相遇，更怕看到老师那失望的眼神。老师批评的声音在耳边回荡，每个字都像针一样深深刺进他的心里。那一刻，他感到了前所未有的挫败和羞愧，仿佛整个世界都在嘲笑他的失误。

这些道理应该懂

面对批评，我们或许会感到不适，甚至产生抵触情绪，这是很自然的反应。批评，如同一面镜子，映照出我们的不足，有时这镜像会显得尖锐，让人难以直视。但请相信，每一次批评的背后，都蕴含着对我们成长的期待与善意。当我们学会以开放和柔和的心态去倾听批评，就像是在心灵的土壤中播下了一颗成长的种子。这颗种子，在理解与反思的滋养下，会逐渐生根发芽，指引我们找到自我提升的方向。

记住，接受批评，并非意味着我们要盲目承受所有指责，而是要学会在批评中寻找成长的契机，勇于在挑战中磨砺自我。

● 处理批评时，必须学会区分事实与意见。面对事实性批评，应勇敢承认并着手改正，不逃避不推诿。而对于意见性批评，可结合自身实际进行深思与调整，但不必盲目遵从。

● 回应批评时，应感激老师提出的宝贵意见，坦诚表达自身想法与未来计划，与老师共同探寻解决方案。务必避免防御或攻击性回应，以防产生师生矛盾。

● 要将批评视为宝贵的成长契机。批评往往能揭示我们的不足与待改进之处，通过虚心接受与妥善处理，我们能够不断进步，实现个人的成长与提升。

如何向老师道歉
才能获得认可

　　李樊站在教室外的走廊上，眼神不自觉地飘向那扇被他一球踢破的窗户。玻璃碎片已经被清理，但那个空洞仿佛在提醒他，他犯下了一个不小的错误。他心中五味杂陈，既有懊悔也有恐惧，更多的是对即将到来的责备的不安。他迈着沉重的步伐，缓缓走向老师的办公室。他的思绪如同纷乱的雪花，在脑海中飞舞。他调整着呼吸，试图平复紧张的心情。他知道自己必须面对这一切，无论结果如何。但他还是很害怕。

这些道理应该懂

　　成长路上，我们难免会有所偏差，而道歉，便是我们内心觉醒与成长的宝贵契机。它不仅仅是对外在行为的一次纠正，更是心灵深处对是非观念的深刻反思与自我调整。在这个过程中，内疚与自责或许会涌上心头，但这正是自我认知深化的必经之路，无需过于苛责自己。

　　向老师道歉，需要的不仅仅是言语，更是那份面对错误的勇气与决心。而老师的谅解与认可，会如同温暖的阳光，照亮我们前行的道路，它不仅是对我们改正行为的肯定，更是对我们人格成长的鼓励与支持。我们应该珍惜每一次道歉的机会，勇敢面对自己的错误，用真诚的心去赢得老师的谅解。

● 在道歉前，先深入反思自己的错误，确保真正理解了自己的问题所在。这是获得老师认可的关键一步，因为只有认清错误，道歉才显真诚。

● 在道歉时，要清晰传达自己对错误行为的后悔之情，让老师感受到你内心的悔意和改变的决心。不仅要说对不起，更要明确以后如何改正，给出具体的行动计划。

● 要有后续的改正行动来支持你的道歉。仅仅口头道歉是空洞的，实际行动才是改正错误的最好证明。只有通过切实的改变，才能真正赢得老师的认可和谅解。

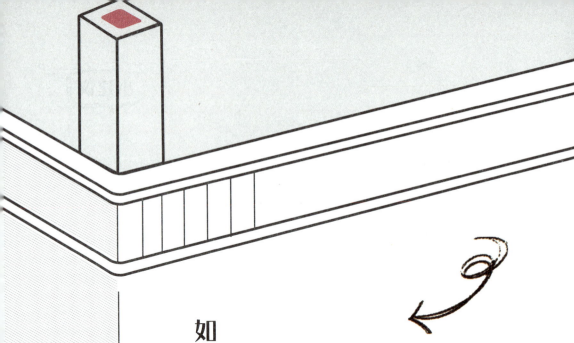

如何恰当地
向老师表达建议

在班级即将举办的"我为社会献爱心"主题活动中，宋明亮有着别出心裁的想法和建议，他希望能为班级贡献一份力量，让活动更加丰富，更加有意义。然而，每当他想要向老师提出这些意见时，内心总会被各种担忧所占据。他犹豫不决，担心自己的想法不够成熟，或是与老师的规划相悖，害怕遭到老师和同学的否定。这份忐忑让他在办公室门口徘徊不前，不知如何是好。

！这些道理应该懂

在校园生活中，有了好想法、好建议，如果不能积极地表达出来，那就等于浪费了自己的好点子，老师和同学也不会看到我们的独到之处。这时，如何以合适的方式向大家表达我们的想法，就显得尤为重要了。

恰当地表达建议，可以建立起师生间更加平等与开放的交流氛围。同时，这也是一种自我锻炼的过程，通过思考如何有效地表达自己的观点，我们可以提升自己的逻辑思维和语言表达能力。学会恰当地向老师表达建议，不仅有助于改善学习环境，还能促进我们的全面发展。

115

小建议

🟠 先想清楚你应该说什么，然后用简单、准确、明了的语言表达出来。可以先打个草稿，或者在心里默默练习几次，确保表达流畅。

🟠 如果建议比较抽象，试着用具体的例子来说明它的好处或必要性。这样可以让老师和同学更容易理解你的建议，并看到它的实际价值。

🟠 提出建议后，要耐心倾听老师和同学的反馈。如果他们有不同的意见或建议，试着理解并尊重他们的观点。如果建议没有被采纳，不要气馁。思考一下为什么这样，然后尝试改进建议，或者寻找其他合适的方式来表达它。

如何正确拒绝老师的不合理要求

自习课上，刘思铭手中的笔在纸上轻轻滑动，他的思绪完全沉浸在文字的世界里。那里的每个字都细腻地记录着他的喜怒哀乐，承载着他的梦想与无法言说的秘密。辅导员老师笑吟吟地来到他的桌前，柔声询问："刘思铭，可以把你的日记给老师看看吗？"刘思铭的心猛地一颤，那些他精心守护的文字，是他内心最深处的宝藏，怎能轻易展现给他人？但他又害怕拒绝以后，会使老师误解，觉得他在与老师作对。怎么办？

这些道理应该懂

面对权威者的要求，人们通常会选择顺从，因为担心拒绝会带来负面后果。然而，每个人都应该明白，每个人都有权利保护自己的边界，确保自己内心真实的感受和需求得到表达和满足。

学会拒绝不合理要求，有助于我们建立自我认知，培养自主意识和决策能力。温和而坦诚地表达自己的内心想法，我们可以在尊重他人的同时，守住自己的原则。这样的经历将使我们更加自信，懂得在未来的生活中，面对不合理的要求时，如何做出恰当的选择，从而维护自己的权益和尊严，最终成为一个一个有主见、有担当的人。

● 在决定是否拒绝之前，冷静地分析老师提出的要求是否真的不合理。有时候，我们可能会对老师的想法或要求产生误解。

● 如果可能的话，提出一些替代方案或折中方案，表达你愿意合作的态度，给予老师该有的尊重，同时也不会给自己造成过大负担。

● 如果要求确实超出了你的能力范围或者会对你产生负面影响，坚持你的原则并明确拒绝。但要确保你的拒绝方式是礼貌和尊重的，避免使用情绪化或攻击性语言。

你觉得什么是尊重？有没有遇到过让你觉得被尊重的事情？

....

....

....

....

....

当你感到迷茫或者不知道该怎么办时，你会怎么做？

....

....

....

....

....

你觉得在团队中，自己的角色是什么？有没有什么特别的贡献？

....

....

....

....

....

你觉得什么是成长？你觉得自己在哪些方面成长了？

....

....

....

....

你有没有和朋友一起经历过什么难忘的事情？

....

....

....

....

当你看到朋友不开心时，你会怎么安慰他们？

....

....

....

....

121

总有一份深情，让人心动。

每一次感激，都是一份诗意的传递；

每一声祝福，都是一份真心的释放；

每一刻关心，都是一份情感的交融。

尊师、敬师、爱师，就是要让老师知道，

岁月悠悠，他们的身影被时光雕刻成最美的风景，

镌刻在学子心中，成为永恒的敬爱。

7

学会 7 大金句，
打造亲密友爱的师生关系

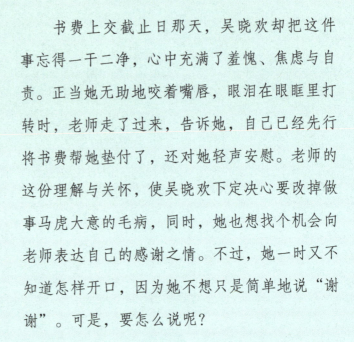

如何向老师表达感谢

书费上交截止日那天，吴晓欢却把这件事忘得一干二净，心中充满了羞愧、焦虑与自责。正当她无助地咬着嘴唇，眼泪在眼眶里打转时，老师走了过来，告诉她，自己已经先行将书费帮她垫付了，还对她轻声安慰。老师的这份理解与关怀，使吴晓欢下定决心要改掉做事马虎大意的毛病，同时，她也想找个机会向老师表达自己的感谢之情。不过，她一时又不知道怎样开口，因为她不想只是简单地说"谢谢"。可是，要怎么说呢？

这些道理应该懂

向老师表达感谢，不仅是对老师关怀与付出的认可，更是内心深处感恩之情的自然流露。这种表达意味着我们开始懂得珍视他人的帮助，学会在生活中寻找积极正向的力量。

然而，有时我们可能会因为内向或害羞而难以开口，或者找不到合适的方式表达自己的谢意。这时，不要着急，静下心，去深入思考"感谢"的意义，从心底去感受那份真挚的感激之情。等我们能够真正想明白，自己为什么要感恩的时候，相信，我们一定能够找到适合自己的方式，勇敢地向老师表达出那份深深的感激。

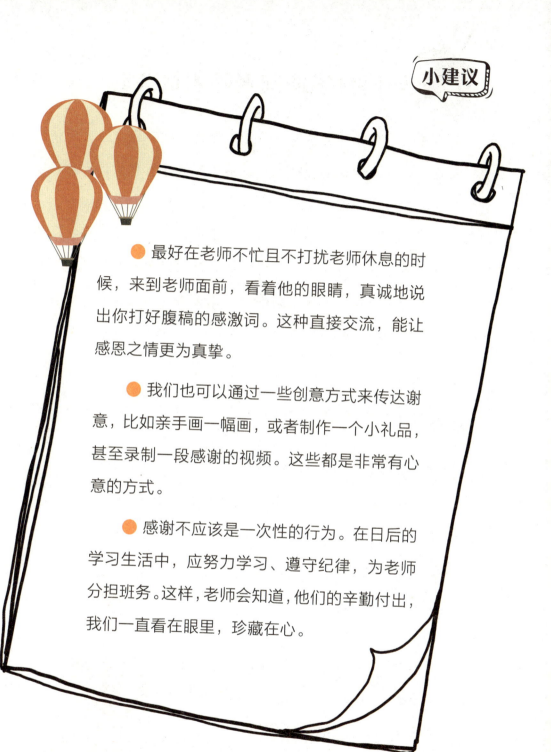

● 最好在老师不忙且不打扰老师休息的时候，来到老师面前，看着他的眼睛，真诚地说出你打好腹稿的感激词。这种直接交流，能让感恩之情更为真挚。

● 我们也可以通过一些创意方式来传达谢意，比如亲手画一幅画，或者制作一个小礼品，甚至录制一段感谢的视频。这些都是非常有心意的方式。

● 感谢不应该是一次性的行为。在日后的学习生活中，应努力学习、遵守纪律，为老师分担班务。这样，老师会知道，他们的辛勤付出，我们一直看在眼里，珍藏在心。

如何真挚地向老师表达关心

沈玲是班上的小小观察家，总是能敏锐地捕捉到身边人的情绪变化。最近，她注意到张老师下课后时常疲惫地揉着肩膀，有种难以言说的痛苦在她脸上划过。看着张老师这样，沈玲心中满是忧虑。一天放学，她终于鼓起勇气，轻声问道："张老师，您肩膀疼吗？"张老师惊讶地看着她，点点头，坦言肩膀因长时间工作而酸痛无比。听到这个，沈玲心中涌起一股强烈的冲动，想要为老师分担一些痛苦。可是，应该怎样恰当地向老师表达关心呢？

这些道理应该懂

老师，宛若春日里的绵绵细雨，悄无声息间滋养着我们求知若渴的心田；又如夜空中璀璨的北斗，坚定不移地引领我们追寻梦想的航向；更似那光明的烛火，无私地燃烧自己，照亮我们前行的道路。

向老师表达关怀，不仅是一股暖流在心间自然流淌，更是我们对老师深切尊重与理解的真诚展现。这份关怀，源自对老师辛勤耕耘的深切认同，以及对老师内心世界的细腻共鸣。当我们以敏锐的心捕捉老师的情绪波动与潜在需求，并勇敢地将这份关心化为言语与行动，我们实际上在搭建一座桥梁，促进师生间情感的交融与深化。

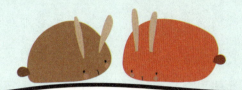

● 在课后或适当的时间，直接向老师表达关心，如："老师，您最近看起来有点累，要注意休息哦。"

● 除了用言语表达关心，更应该通过实际行动来展现。比如，主动帮助整理教室、准备教学材料，这些小小的举动都能让老师感受到你的关怀和体贴。

● 在表达关心的过程中，一定要尊重老师的个人隐私，避免过度询问或干涉他们的私事。同时，告诉老师你理解并感激他们的辛勤付出，这种共鸣会让你的关心更加深入。

如何得体地
向老师表达安慰

王老师的父亲病故了。近期，王老师虽然依旧认真、负责地完成着教育与教学工作，但是，情感与工作的双重压力，使她身心俱惫，在课间休息的时候，难免会流露出一丝感伤情绪。这一幕，恰巧被心思细腻的陈海飞捕捉到了。陈海飞从王老师的眼神中读出很多东西，知道她正承受着巨大的精神压力。她想以自己的方式为老师送去慰藉，可是，该怎样表达才好呢？

这些道理应该懂

目睹老师的疲惫身影与隐忍的苦痛，我们的内心深处一定会升起浓浓的关切与忧虑。可是，直接探问，或许会显得唐突冒昧；而默不作声，或许会显得自己麻木冷漠。这种时刻，传递情感的细腻与得体尤为重要。

我们应以温婉柔和的语气，细腻地表达自己对老师的关怀与理解，让这份源自心底的真挚与善意如暖流般拂过老师的心田，便是最佳的慰藉方式。其实，安慰本无需刻意雕琢华丽的辞藻，因为在沟通的世界里，真诚与体贴才是最熠熠生辉的瑰宝。

小建议

● 选择温和、亲切的措辞，避免使用过于直接的询问。要使安慰带来正面的效果，而不是引起老师的尴尬，或加重他们的心理负担。

● 如果老师不愿意相告，及时止住话题，安慰得体的一个关键问题就是，不要追问别人不想说的话题。

● 告诉老师一些好消息，比如班里的同学学会了相互帮助，比如你的学习有了进步。让这种正面的、积极的能量，去缓解老师的压力或悲伤。

如何有新意地
向老师表达赞美

学校举办"我心目中的好老师"主题征文比赛。感恩于班主任老师对大家一如既往的关怀与引导，邵明明决定在征文中好好夸一夸自己可亲可敬的班主任。可是，该用什么手法别有新意地去赞美呢？引用别人用了很多遍的句子，看上去敷衍得很；夸得太强烈，又觉得很尴尬，而且同学们可能也会对自己有看法。邵明明手中的笔迟迟无法落下。心中不禁感叹道："原来，赞美一个人也这么难啊！"

这些道理应该懂

在日复一日看似平凡无奇的教学生涯中，老师们以无数个不易察觉的细微举动，默默传递着对教育事业深沉的热爱与对学生无微不至的关怀。当我们尝试以新颖独特的视角去定格这些稍纵即逝的温暖瞬间，再以饱含情感与创意的语言去勾勒老师的形象时，赞美便超越了形式上的简单礼节，成为一种真挚的心灵对话。

这样的赞美，如同一股无形的力量，能够极大地激发老师们内心深处的热情与动力，使他们更加深刻地体会到自身工作的崇高价值与深远意义。同时，它也能潜移默化地引领我们学会以更加细腻敏锐的眼光去观察世界，学会感恩与欣赏生活中的每一份美好。

● 结合个人的经历与感受，讲述一件老师曾经帮助自己的事情，这种将感激之情与真实经历结合的赞美，既真诚又可信。

● 如果文笔好，可以创作一首诗歌来赞美老师，用文字描绘出老师的形象和对他的敬仰。这种独特的表达方式，不仅展现了我们的用心，也给老师带来了特别的惊喜。

● 注重细节的描述同样重要。说一说老师在课堂上那些令人难忘的瞬间，或是他温暖的笑容和鼓励的话语。这些细节会让赞美更加具体、生动。

如何有创意地
向老师表达祝福

　　教师节这天，同学们纷纷围在老师身边，为可爱可亲的老师送上自己的节日祝福。林雨轩站在那里，心里像揣着一只小鹿，怦怦直跳。他也想为老师送上自己最真挚的祝福，却苦于找不到最合适的措辞。那些平日里轻松就可以说出口的话语，此刻仿佛都失去了色彩，变得苍白无力。林雨轩深吸一口气，试图平复内心的慌乱。他多么希望，能有一句话，能完美地承载他对老师的感激与祝福，可越是这么想，越是觉得无从开口。

！这些道理应该懂

　　向老师致以诚挚的祝福，不仅是对他们辛勤耕耘与无私奉献的一份温情回应，更是心灵深处细腻交流与情感升华的美妙契机。通过匠心独运的语言与表达方式，我们可以将满载美好愿景与深切关心的祝愿，轻轻送达老师的心田。

　　这样的祝福，犹如一缕和煦的阳光，会在老师心中留下幸福感的种子，使之生根发芽，茁壮成长。而于我们而言，这不仅仅是一种情感的抒发与感恩的实践，更是一次心灵的洗礼与成长的契机，教会我们珍视每一份情感的联结，学会感恩与回馈，让爱与温暖在人与人之间流淌不息。

● 通过日常交流或同学间的口口相传，收集老师的兴趣爱好、确定老师的性格类型（如幽默风趣、严谨认真等），融入老师的个人喜好或教学特色制作祝福，如"音乐老师的旋律人生""数学老师的智慧启迪"。

● 根据祝福的场合选择合适的主题，如教师节可突出"感恩与敬仰"，生日则强调"快乐与祝福"。

● 如果不好意思当面表达，可以录制个性化的祝福视频，在镜头前表达对老师的感激与祝愿。

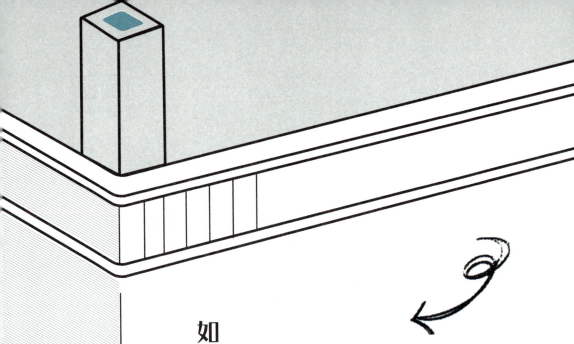

如何表达希望

为老师分忧的意愿

　　吴敏敏是一位既懂事又贴心的小女孩。她常常静静地注视着老师忙碌的身影，心中默默地萌生出一个强烈的愿望：希望能为老师分担一些焦虑和压力。然而，如何巧妙地表达这个愿望，吴敏敏却陷入了深深的思考。她担心直接表达会显得突兀，也担心自己的能力无法真正为老师分忧。于是，吴敏敏开始在内心深处细细思量，渴望找到一个恰到好处的方式，用自己的实际行动，为老师送去一份温暖而有力的支持。

134

老师们肩承着启迪智慧、塑造灵魂的神圣使命，他们的工作中常伴随着挑战与压力的磨砺。我们能够深切地感知到老师的辛劳与付出，心中自然而然地萌生出想要伸出援手的意愿，这份情感的涌动无疑让师生关系更加深厚而真挚。

　　愿意为老师分忧，既是我们勇于担当、乐于助人的体现，也彰显了对师生情谊的无比珍视。它激励着我们以更加积极主动的姿态投身于学习与班级管理中，与老师一起共同营造一个积极向上、和谐共进的学习氛围。更重要的是，这样的行为如同一股温暖的力量，让老师深切地感受到来自学生的支持与理解，成为他们奉献于教育岗位、矢志不渝的强大动力。

小建议

● 可以向老师大方地表达愿望，表示可以在监督纪律、作业批改等力所能及的方面，成为老师的小助手。

● 在表达为老师分忧的愿望后，要尊重老师的决定，不强行推动自己的意愿。同时，在分忧过程中，要明确自己的角色和权限，不要过分行使老师给予的权利，以免破坏同学关系。

● 如果我们的分忧行动能够取得良好的效果，获得老师的认可，要继续努力做好这件事，持续为老师提供必要的支持。

高文斐一直是班上的小调皮鬼，但他心里有个小秘密——他非常喜爱自己的班主任老师。因为老师总是那么有爱心、有耐心，无论高文斐提出多少奇怪的问题，她都会微笑着解答，无论高文斐闯了什么祸，她都会耐心地告诉他，为什么这样不对，应该怎样做。高文斐很想让老师知道，自己是多么尊敬她、喜爱她，可是，这样做会不会很幼稚啊？毕竟自己已经不是幼儿园的小朋友了。

！这些道理应该懂

对老师的喜爱，是深化师生情感的纽带，它悄然培育着我们的感恩情怀。在这种细腻的情感中，内心涌动的激动、满怀的期待，以及或许随之而来的紧张与忐忑，皆是人性中真挚的流露，它们映照出我们对师生情谊的无比珍视。

我们应当学会以得体而真情的方式，传递这份沉甸甸的喜爱，使老师能够深切地感受到我们的心意。这绝非一句简单的"我喜爱你"所能充分表达的，它要求我们借助细腻入微的言行举止，向老师传达出我们的尊重、深刻的理解与坚定的支持。如此这般的心灵沟通，无疑会促进师生间的正向互动，营造出一个更加和谐、温馨且充满深远意义的学习氛围。

● 选择一个轻松愉快的时刻，例如课后休息时间或老师空闲时。用轻松、自然的语气开始对话。

● 突出老师在我们学习成长过程中的正面影响和深刻启发。可以表述一些具体事例，如老师的某句话如何成为我们前行的动力。

● 观察老师的反应，如果老师对我们的表达感到愉快和认可，可以继续保持这种沟通方式；如果老师表现出不适或反感，及时调整沟通策略。最后，以感谢或祝福语结束这一对话。

你有没有和朋友一起分享过秘密或者心事？

....

....

....

....

....

当你想要加入一个新的小团体时，你会怎么做？

....

....

....

....

有没有某个瞬间让你觉得特别感动？

....

....

....

....

当你遇到不理解的事情时，你会怎么寻求答案？

....

....

....

....

....

当你想要结交新朋友时，你会怎么做？

....

....

....

....

有没有某位同学的表现让你觉得特别佩服？

....

....

....

....

你通常怎么表达自己的情绪？是喜欢说出来还是藏在心里？

当你遇到挫折时，你会怎么鼓励自己继续前进？

当你看到别人开心时，你自己也会感到开心吗？为什么？

你觉得什么是感恩？你有没有因为什么事情而感恩过？

....

....

....

....

你觉得什么是宽容？你有没有宽容过别人或者被别人宽容过？

....

....

....

....

你觉得什么是真正的坚强？你有没有展现过坚强的一面？

....

....

....

....